Schirner Verlag

MELANIE MISSING
Mit Bildern von Christiane Treichel

Das Orakel der SERAPHIM

Botschaften aus dem Tempel der Schöpfung

Begleitbuch zu den 40 Karten

Schirner Verlag

Wir verzichten auf das Einschweißen unserer Kartensets – **UNSERER UMWELT ZULIEBE!**

ISBN 978-3-8434-9199-0

Melanie Missing & Christiane Treichel
Das Orakel der Seraphim
Botschaften aus dem Tempel der Schöpfung

1. Auflage Mai 2023

Box, Karten & Begleitbuch: Anna Twele, Schirner,
unter Verwendung von Bildern von Christiane Treichel
und # 523908580 (© Maryna Stamatova), # 289322048
(© Shpak Anton), # 141232369 (© kaisorn), # 2182388461
(© ivan_kislitsin), www.shutterstock.com
Illustrationen: © Christiane Treichel,
www.lichtbuntebotschaften.de
Lektorat: Ina Keller, Schirner
Printed & bound by: Ren Medien GmbH, Germany

www.schirner.com

INHALT

EINLEITUNG

Goldene Lichtstrahlen erfüllen den Raum, die Seraphim stehen jetzt neben dir und umfangen mit ihren Lichtschwingen dein ganzes Sein …

Liebe Leserin, lieber Leser,
ich freue mich, dass dich die lichte Kraft der Seraphim gerufen und berührt hat, mit diesem Kartenset für dich und für andere zu wirken. Du fragst dich jetzt vielleicht: »Was macht die Seraphim so besonders?« Sie sind ganz spezielle Wesen: Als sechsflügelige Engel der obersten himmlischen Ebene sind sie Gott am nächsten. Sie stehen für Liebe, Licht und Feuer und entflammen in uns die wahre göttliche Liebe und die Schöpferkräfte.
Der Name »Seraphim« bedeutet im Hebräischen »Brennender«. Im Buch Jesaja 6, 1–7 wird von ihnen als den feurigen, sechsflügeligen Engeln gesprochen, die den Thron Gottes umschweben und immerzu »Heilig, heilig!« ausrufen. Sie brennen für das Licht Gottes in uns allen. Sie sind begeistert von seiner Schöpfung, und sie ehren ihn und somit auch uns mit all ihrer Kraft.

Um diese Wesen besser verstehen zu können, lasse uns einmal gemeinsam in ihre Energie und Herkunft hi-

neinfühlen. Dazu rufe sie in Gedanken oder laut in den Raum, in dem du dich befindest, damit du ihre Energie wahrnehmen kannst. Spüre nun die Präsenz eines dieser wundervollen sechsflügeligen Lichtwesen direkt neben dir. Zwei seiner Flügel ragen in den Himmel, mit zwei Flügeln fliegt er, und mit den anderen beiden umfängt er dich jetzt und steigt mit dir sanft in die Lichtsphären auf, um dich in den Tempel der Schöpfung zu begleiten. Hier ist der Ursprung, von hier kommen wir, und hierher gehen wir wieder zurück. Durch den Tempel der Schöpfung gelangen wir in alle Lichtebenen und auch ins Paradies. In ihm ist alles möglich.
Was auch immer deine Frage oder Bitte ist, sie findet hier Gehör. Wenn du um Heilung bittest oder diese senden möchtest, ist dies der Ort, an dem sie geschieht. Im Tempel der Schöpfung befindest du dich in der Präsenz des göttlichen Lichts. Die Türen des Himmels sind weit für dich geöffnet.

Auch ich habe die Seraphim als lichtvolle Begleiter erfahren dürfen. Sie tragen uns begeistert zu unseren Zielen, gleich, ob diese bereits zum Greifen nah sind oder noch in weiter Ferne liegen. Manchmal erleben wir auf unserem Weg dorthin Rückschläge. Dann will vielleicht etwas nicht so funktionieren, wie wir es uns vorgestellt haben, wie viel Mühe wir uns auch geben. Wir sind möglicherweise kurz davor, etwas aufzugeben: einen Traum, ein Ziel, die Hoffnung oder sogar den Glauben an uns selbst. In solchen Momenten vertraue darauf: Was für dich vorgesehen ist, wird auch geschehen!

Ich bin sicher, so mancher hätte seinen Traum nicht weiterverfolgt, sein Ziel nicht erreicht, wären da nicht diese wundervollen Lichtbringer aus dem Tempel der Schöpfung, die über alle Maßen darum bemüht sind, dass der Plan der Schöpfung sich immer erfüllt. All das, was du aus deiner Schöpferkraft heraus kreiert hast, will sich für dich verwirklichen, sich materialisieren, denn es kommt aus dir und gehört zu dir. Mit dieser Schöpferkraft sind die Seraphim untrennbar verbunden. Selbst in schwierigen Zeiten sind sie da, und wir spüren ihre Anwesenheit und Unterstützung. Sie wirken auf allen Ebenen für das Gute und Lichtbringende. Sie öffnen durch ihre Berührung allen Menschen, die sich ihnen zuwenden, physisch und geistig die Augen. Höre ihre Worte:

»In tiefer Liebe schauen wir zu dir, aus der höchsten Ebene der göttlichen Gegenwart, aus dem Tempel der Schöpfung. Es ist sein Licht, das dich in diesem Moment dank unserer Anwesenheit durchdringt und berührt. Durch unsere Botschaft senden wir dir die pure Leuchtkraft und Energie der allgegenwärtigen göttlichen Präsenz direkt in deine Seele. Ehre sei dem Höchsten, und Ehre sei dir. Wir würdigen dich und dein Sein, dein lichtvolles Wirken und Handeln aus der Kraft deines Herzens, deiner Seele, deiner Liebe. Wir bringen dir durch diese Karten die Botschaft des Lichts aus der Urkraft allen Seins und verbinden dich mit der Quelle der Schöpfung.«

Die Seraphim laden dich ein, gemeinsam mit ihnen und durch diese Karten zu wirken. Sie stellen sich als himmlische Impulsgeber an deine Seite und unterstützen dich dabei, deine Ziele und Wünsche Wirklichkeit werden zu lassen.

Ich wünsche dir ganz viel Freude und bestmögliche energetische Unterstützung durch dieses Seraphim-Orakel.

Alles Liebe
Melanie Missing

DIE ANWENDUNG DER KARTEN

Du kannst die Karten einzeln als Tageskarte ziehen, die Legungen ab S. 15 ausprobieren oder sie z. B. im Tarot als unterstützende Karte ziehen. Du entscheidest. Sie sind mit jedem anderen Set kombinierbar. Von Herzen gern möchte ich dir auch einige weitere Kartensets von mir empfehlen, in denen verschiedene mögliche Legungen beschrieben werden, z. B. das Set »Engel-Orakel der Goldenen Zeit« und die darin beschriebenen Legungen »Portal der Engel« und »Fenster der Zeit«. Du kannst sie auch mit diesem Kartenset anwenden. Ich wünsche dir viel Freude beim Ausprobieren und hoffe, du findest deine Lieblingslegung.

Die Karten begrüßen

Nimm alle 40 Karten in deine linke Hand (sie ist dem Herzen am nächsten), und halte sie an dein Herz. Begrüße die Karten, z. B. mit dem Satz: »Seid herzlich willkommen in meinem Leben« oder »Ich begrüße euch und bitte euch um eure Hilfe und Unterstützung dabei,

Antworten zu finden.« Nimm dir einen Moment Zeit, und schaue jede einzelne Karte an, um mit ihrer wundervollen Energie in Verbindung zu gehen.

Eine Karte ziehen und deuten

Nimm alle Karten verdeckt in die Hand. Nun denke an deine Frage, und mische die Karten. Hin und wieder passiert es, dass einzelne Karten beim Mischen aus dem Set herausfallen. Dies ist ein Zeichen. Lege diese Karten zur Seite, sie tragen eine besondere Botschaft für dich. Bitte die Engel darum, dir ein Zeichen zu senden, wenn du aufhören sollst, zu mischen. Vertraue hierbei deiner Intuition! Breite die Karten wie einen Fächer in deiner rechten Hand aus, oder lege sie mit der Rückseite nach oben auf einem Tisch aus. Dann wähle eine Karte. Fahre dazu mit einem Finger deiner linken Hand über die Karten, und greife dort zu, wo dich ein Impuls stoppt. Lies dir den Kartentext durch, und betrachte das Bild genau. Oft weißt du schon, um welches Thema es geht und was dir die Seraphim mitteilen wollen. Wenn du möchtest, lies auf der entsprechenden Seite im Begleitbuch nach.

Hier findest du:

Bedeutung der Karte

Die Bedeutung der Karte enthält die Grundbotschaft sowie wertvolle Hintergrundinformationen zum jeweiligen Thema.

Botschaft der Seraphim

Die Botschaft der Seraphim sind aufmunternde, stärkende, motivierende und Kraft schenkende Worte der Engel für dich und dein weiteres Vorhaben. Mit ihrer Hilfe kannst du energetisch für dich oder andere wirken.

Schöpfungsimpuls

Der Schöpfungsimpuls schenkt dir eine Anregung für eine mögliche Handlung, einen Rat der Seraphim oder eine Idee für eine Meditation.

Affirmation

Die Affirmation ist wie ein zusätzlicher guter Gedanke zum Thema, den du mit in deinen Tag nehmen und mit dem du dich mental auf dein Ziel ausrichten kannst.

Tipp: Du kannst die Karten für dich persönlich, aber auch für Readings oder bei der energetischen Arbeit für andere einsetzen. Wenn du deine Karten an andere weitergereicht hast, ist es empfehlenswert, sie im Anschluss wieder mit dir zu verbinden. Puste dafür einmal kräftig über die Karten, oder klopfe dreimal auf den Kartenstapel, fächere ihn auf, und halte ihn für einen Moment an dein Herz.

Ich wünsche dir viel Freude beim Kennenlernen der Karten. Ich bin sicher, sie werden dir viele wertvolle Momente, Antworten und Erkenntnisse schenken.

LEGEMETHODEN

Der Seelenspiegel

Diese Legung soll als Spiegel deiner Gedanken und Gefühle dienen.

Komme zur Ruhe, und verbinde dich über dein Drittes Auge mit deiner Seele, mit den Seraphim und mit den Karten. Atme dafür tief ein und aus, und schließe deine Augen. Entspanne sie, und bitte dein Drittes Auge, jetzt deinen inneren Blick zu übernehmen. Du bestimmst ganz individuell die Intention dieser Legung. Folgende Fragen kannst du dir stellen: »Was liegt noch im Verborgenen? Was möchte mir meine Seele durch diese Legung zeigen? Was kann ich zur Entfaltung meines höchsten Potenzials beitragen?« Mische die Karten, und bitte darum, dass sich deine Seele weit öffnet und deine Gedanken sich dir offenbaren. Dann ziehe drei Karten, und lege sie wie auf der nächsten Seite abgebildet mit der Vorderseite nach oben vor dich.

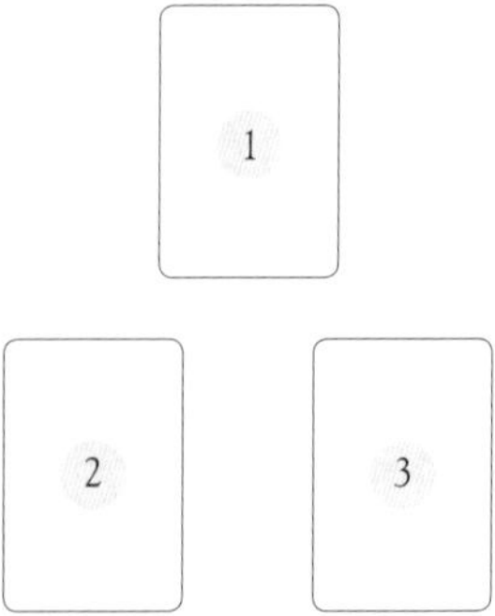

So interpretierst du die Karten:

Die ***erste Karte*** symbolisiert das Dritte Auge, das Tor zu deiner Seele und zu deinen Gedanken. Du erhältst durch die Karte eine Erkenntnis bezüglich deiner aktuellen Situation sowie einen tieferen Einblick in sie. Sie zeigt dir, was die Situation mit dir zu tun hat und welche Rolle du dabei spielst.

Die ***zweite Karte*** steht für die gegenwärtige Situation. Wo liegt der Ursprung? Was ist das Thema deiner Seele darin? Du lernst mit dieser Karte dich selbst besser verstehen. Sieh die dazugehörige Botschaft der Seraphim als deine Aufgabe für heute.

Die *dritte Karte* zeigt die Zukunft. Was erwartet dich? Welche Unterstützung brauchst du, um die Situation zu wandeln? Was gibt dir die Botschaft der Seraphim mit auf den Weg? Wie kannst du dein höchstes Potenzial entfalten und deiner Seele neue Impulse geben?

Der sechsflügelige Seraphim

Lege einen sechsflügeligen Seraphim, um eine/deine Situation genau zu ergründen, himmlische Impulse oder Antworten der Seraphim zu erhalten und zu erfahren, was zu tun ist.

Mische die Karten, und bitte darum, dass sich deine Seele weit öffnet. Dann ziehe sechs Karten, und lege sie wie auf der nächsten Seite abgebildet vor dich. Frage die Seraphim, was sie dir in deiner aktuellen Situation raten würden, und bitte sie darum, dir mit dieser Legung alle Informationen, die du gerade benötigst, zu offenbaren. Du kannst auch ganz spezifische Fragen stellen, z. B. in Bezug auf deine Partnerschaft oder deinen Beruf.

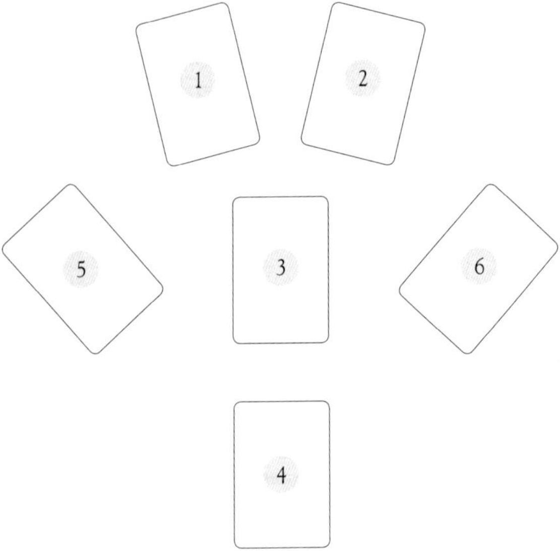
1
2
5
3
6
4

So interpretierst du die Karten:

Die Bedeutung der Karten 1 und 2:

Welche Botschaften haben die Seraphim für dich? Welche Informationen zu deiner Situation erhältst du aus den himmlischen Ebenen?

Die Bedeutung der Karten 3 und 4:

Was ist die Ursache, der Ursprung deiner aktuellen Situation? Was liegt noch im Verborgenen?

Die Bedeutung der Karten 5 und 6:

Was bringt Bewegung, Lösung oder Heilung in die Situation?

Tipp: Nimm dir parallel zum Kartenziehen die Zeit, zu meditieren. Lege dazu alle sechs Karten vor dir aus, und gehe in die Meditation mit den Engeln. Rufe die Seraphim an deine Seite, und bitte sie, dich in den Tempel der Schöpfung zu begleiten, um dort weitere Antworten oder Zeichen zu erhalten, die du für deine aktuelle Situation benötigst. Es ist spannend, zu sehen, was dir in der Meditation gezeigt wird, welche Botschaft du erhältst und wie sich deine inneren Bilder mit den Botschaften und Motiven der Karten zusammenfügen.

DIE KARTEN

Allgegenwärtige Anwesenheit

Bleibe im Vertrauen.

Bedeutung der Karte

Ein großer Segen ist auf dem Weg zu dir, du wirst neue Ebenen betreten. Diese Karte symbolisiert einen Aufstieg, ob beruflich, gesellschaftlich oder spirituell. Vielleicht hast du zuletzt die Erfahrung gemacht, dass dir andere etwas nicht zugetraut haben oder dich nicht für geeignet hielten – das wird sich nun ändern. Du wirst bei allem, was du jetzt anfängst, Erfolg haben. Der Tiefpunkt, den du gerade noch durchlebt hast, ist vorbei und war letztlich ein großer Segen. Eine Krise kann dich lehren, was dir Erfolg niemals beibringen kann. Du wirst das, was jetzt auf dich zukommt, schätzen wie nie zuvor. Genieße diesen Segen, er ist ein Geschenk des Göttlichen.

Botschaft der Seraphim

»Heute schwingen wir dich in die Energie des Neuanfangs ein. Wir senden dir mit unserer reinen Liebe himmlische Impulse aus der allgegenwärtigen Anwesenheit Gottes. Spüre ihn an deiner Seite, und du wirst erkennen, wer du bist. Wisse selbst um deinen Wert, dann werden ihn auch andere sehen. Strahle, denn du bist Licht von Licht! Sei bereit für den nächsten Entwicklungsschritt, und erhebe dich auf eine höhere Bewusstseinsstufe.«

Schöpfungsimpuls

Selbstvertrauen, Selbstsicherheit und Selbstwert hängen eng zusammen. Daher ist es wichtig, dein Vertrauen in dich z. B. durch Affirmationen zu stärken.

Affirmation

»Ich akzeptiere mich so, wie ich bin. Ich bin erfolgreich, denn ich vertraue auf meine Fähigkeiten.«

Bitte

Sende deinen Wunsch zum Himmel.

Bedeutung der Karte

Mit dieser Karte kannst du den Seraphim deinen ganz persönlichen Wunsch senden. Bitte sie ausdrücklich um Hilfe, denn nur dann dürfen sie für dich wirken. Sich etwas zu wünschen, ist wie ein magisches Ritual: Der Wunsch keimt in dir und wird mit der Zeit größer. Irgendwann sprichst du ihn aus oder schreibst ihn auf und übergibst ihn somit den Engeln. Stelle dir den Moment der Erfüllung immer wieder vor, und lasse alle Emotionen hochkommen. Warte auf den Impuls der Seraphim, um aktiv zu werden. Doch bedenke: Oft geht uns die Erfüllung unseres Wunsches nicht schnell genug, und wir handeln, ohne den Impuls der Engel abzuwarten. Häufig gelingt uns unser Vorhaben dann nicht, denn die Engel können uns nicht unterstützen. Sei daher geduldig, und warte auf ihr Zeichen.

Botschaft der Seraphim

»Wir hoffen, dass sich deine Wünsche zum Wohle aller erfüllen, und helfen dir mit allem, was uns möglich ist, auf dass du ein glückliches und erfülltes Leben erfährst.

Nicht alle deine Wünsche werden wahr werden, doch das, was für dich bestimmt ist, wird sich manifestieren. Vertraue, und spüre unsere Unterstützung.«

Schöpfungsimpuls

Es gibt viele Möglichkeiten, den Seraphim deinen Wunsch zu senden. Wähle intuitiv eine, mit der du dich am wohlsten fühlst. Der Schlüssel ist deine Intention. Übergib deinen Wunsch in deiner Vorstellung den Engeln, oder schreibe ihn auf einen Zettel, und verbrenne diesen in einer feuerfesten Schale in einem Ritual. Nachdem du das getan hast, stelle dir genau vor, wie dein Wunsch in Erfüllung geht. Bedanke dich anschließend bei den Engeln mit den Worten: »Danke, dass mein Wunsch wahr geworden ist.«

Hinweis: Ein Visionsbuch ist eine wundervolle Möglichkeit, deine Wünsche festzuhalten. Dort kannst du sie genau beschreiben, malen oder mit ausgeschnittenen Bildern illustrieren, die du hineinklebst. Die Botschaft der Karte »Schöpferkraft« kann dich dabei unterstützen. Lies dazu den Text auf S. 78.

Affirmation

»Mein lang gehegter Wunsch wird sich erfüllen.«

Botschaft für dich

Du erhältst eine ganz persönliche Nachricht!

Bedeutung der Karte

Eine positive Mitteilung ist auf dem Weg zu dir. Vielleicht ist es die Nachricht, dass etwas, worauf du schon sehr lange wartest, zu dir kommt, dass jemand, an den du in letzter Zeit oft denkst, sich melden wird oder dass du etwas gewonnen hast. Es kann auch ein Zeichen aus den himmlischen Dimensionen sein von einer lieben, bereits ins Licht gegangenen Seele. Oder die Engel selbst schicken dir eine Nachricht. Das geschieht besonders gut in der Stille. Gehe in die Meditation, verbinde dich mit den Engeln, und spüre dich selbst. Der Moment wird ganz dir gehören.

Botschaft der Seraphim

»Geliebte Seele, hast du den Wunsch, mit uns zu sprechen? Hörst du uns bereits und fragst dich manchmal, ob das, was du empfängst, auch wirklich von uns stammt? Dann lasse uns ein Erkennungszeichen vereinbaren, das dir deutlich signalisiert, dass wir bei dir sind. Bitte uns um dieses Signal, und erkenne, an welcher Stelle deines Körpers du unsere Berührung wahrnimmst. Oft ist es ein Kribbeln am Ohr oder ein warmes Gefühl im Bauch, was dich erreicht. Vertraue unseren Worten, wir freuen uns auf die Kommunikation mit dir.«

Schöpfungsimpuls

Um mit den Seraphim zu kommunizieren, beginne eine Brieffreundschaft mit ihnen. Ob du Papier und Stift oder den Computer zum Schreiben wählst, ist egal. Gehe in die Stille, rufe die Engel, verbinde dich mit ihnen, und bitte sie, dich mit ihrer Energie zu umgeben, sodass du sie deutlich spüren und in dir hören kannst. Dann schreibe den Engeln einen Brief. Was möchtest du ihnen sagen, sie fragen? Nachdem du alles aufgeschrieben hast, gehe auf Empfang, und notiere die Worte, die dir in den Sinn kommen. Zweifle nicht – vertraue. Wiederhole diese Übung regelmäßig. Mit der Zeit wirst du immer sicherer werden. Die Antworten werden dir bestimmt viel Freude bereiten. Probiere es gleich einmal aus.

Affirmation

»Ich öffne mich für gute Nachrichten.«

Chakraausgleich

Bringe deine Chakras in Einklang.

Bedeutung der Karte

Du hast diese Karte gezogen, weil dein Chakra- und dein Energiesystem im Ungleichgewicht sind und deine Lebensenergie blockiert ist. Diese Blockade kann durch Krankheit, traumatische Erlebnisse, Verlust oder Schmerzen ausgelöst worden sein und führt dazu, dass du dich erschöpft und müde fühlst. Die Seraphim helfen dir heute dabei, dein System wieder in Einklang zu bringen. Sie sind Meister des Ausgleichs und der Harmonie. Finde mit ihrer Hilfe zurück in dein Gleichgewicht, und du wirst mehr Energie, Vitalität und Kraft spüren.

Botschaft der Seraphim

»Unsere Berührung harmonisiert und stabilisiert dich und dein Chakrasystem, sie richtet dich auf. Für den Aufstieg deines Lichtkörpers in die 5. Dimension ist es wichtig, dass dieses System gut schwingt. Wir richten deine Chakras neu aus, nach oben Richtung Himmel. Diese Vertikalisierung stärkt deine Manifestationskraft, die essenziell für die Erfüllung deiner Wünsche ist.«

Schöpfungsimpuls

Zur Harmonisierung der Chakras eignen sich viele verschiedene Methoden. Ein Beispiel ist die Aromatherapie, hier besonders Aura-Sprays mit speziellen Duftkombinationen zum Ausgleich der Chakras. In meiner Arbeit hat sich diese Methode enorm bewährt. Darüber hinaus haben auch Farb- und Klangschalentherapie, Räucherungen, Yoga, Meditation, Reiki oder das Auflegen von Edelsteinen harmonisierende Wirkungen. Spüre in dich hinein, und erkenne, was dich am meisten anspricht.

Affirmation

»Meine Chakras befinden sich im Einklang mit meinem Energie- und Körpersystem.«

Emotionalebene

Deine Gefühle sind ein Spiegel deiner Gedanken.

Bedeutung der Karte

Was denkst du gerade? Wer oder was hat diese Gedanken in dir ausgelöst? Betrachte deine Gefühle als einen Spiegel deiner Gedanken, denn das, was du denkst, fühlst du auch. Lasse alle negativen Gedanken los, denn sie schwächen nicht nur dich in diesem Moment, sondern auf Dauer auch dein Immunsystem, deine Aura, deinen gesamten Lichtkörper. Wandle deine Emotionen mithilfe glücklicher Vorstellungen, und sie werden Positives in dein Leben ziehen.

Botschaft der Seraphim

»Wir wissen, wie feinfühlig du bist, und verstehen, dass das manchmal herausfordernd sein kann. Sieh deine Sensibilität als eine besondere Gabe, die dir aus einem bestimmten Grund geschenkt wurde. Öffne dich dem Leben, und nimm es mit allen Sinnen wahr. Lasse deine Gefühle zu, denn sie zu unterdrücken, verursacht emotionalen Stress. Wenn dir gerade einmal wieder alles zu viel ist und du nicht weiterweißt, rufe uns, und wir werden dir helfen, deine Emotionen zu klären.«

Schöpfungsimpuls

Gehe in die Meditation, und lasse deine Emotionen von den Seraphim und ihrer Kraft des heiligen Feuers klären. Sie berühren die Gefühlsebene tief in dir. Spüre, wie es jetzt ganz warm in deinem Herzen wird und die Emotionen beginnen, sich zu wandeln. Gleich wirst du dich ganz verändert wahrnehmen. Auch im Außen wird dieser Wandel sichtbar sein, denn die Berührungen der Seraphim wirken sich auf allen Ebenen aus.

Affirmation

»Ich ziehe das Positive in mein Leben.«

Energieübertragung

Energie aus den höchsten Sphären strömt zu dir.

Bedeutung der Karte

Aufgepasst, mit dieser Karte erreicht dich eine Energiewelle der Seraphim aus dem höchsten Schöpferfeld. Spüre, wie du jetzt von ihr durchdrungen wirst und dich augenblicklich wohlfühlst. Vielleicht nimmst du dabei die Engel auch ganz deutlich vor dir wahr. Fühle, wie du in ihrem Licht angehoben und ausgerichtet wirst und immer mehr in deine Kraft kommst. Energie bringt Schaffenskraft, lasse dich vollkommen von ihr auffüllen. Genieße dieses Geschenk, und erfreue dich daran. Hast du heute etwas Besonderes vor, wofür du viel Energie benötigst? Bist du in letzter Zeit müde oder niedergeschlagen? Die Seraphim senden dir neue Kraft für deinen Alltag. Fühle dich gesehen, umarmt und beschenkt, und sei dir sicher: Sie wachen über dich.

Botschaft der Seraphim

»Wir danken dir für all die Energie, die du an andere weitergibst. Wir wissen um deine Herausforderungen, ob im Alltag, im Beruf oder im Einsatz deiner Lichtkraft. Heute bekommst du Energie zurück, denn es ist wichtig, aufzutanken, um in der eigenen Kraft zu bleiben. Von Herzen bieten wir dir diese Unterstützung an. Lasse dich immer wieder von unserer himmlischen Kraft erfüllen. Sie steht dir in grenzenloser Menge als Segen zur Verfügung. Wir halten deine Energie mit dir.«

Schöpfungsimpuls

Lade dich bewusst immer wieder mit der himmlischen Energie der Seraphim auf, indem du visualisierst, wie deren Lichtwellen dich durchdringen, um für jede nur erdenkliche Situation Kraft zu tanken. Du kannst die Energieübertragung mit der folgenden Affirmation verstärken.

Affirmation

»Genau die Energie, die ich gerade brauche, wird mich mithilfe der Seraphim erfüllen.«

Essenz allen Seins

Schöpfe neue Kraft aus deiner Familienverbindung.

Bedeutung der Karte

Bist du gerade erschöpft vom Leben, fühlst du dich allein oder sehnst dich nach Halt? Suchst du den Sinn in allem? Diese Karte bestärkt dich darin, dich mit dem Ursprung, der Essenz allen Seins zu verbinden: deiner Familie. Ob die himmlische oder irdische, deine Familie ist dein Zentrum, hier findest du Unterstützung und Halt. Nimm ihre Ratschläge an, und profitiere davon. Spüre ihre Kraft, die dich augenblicklich anhebt und motiviert, nach vorn zu schauen. Manchmal muss alles zu Ende gehen, damit Raum für etwas Neues, Schöneres entstehen kann. Deine Familie liebt dich und ist unendlich stolz auf dich!

Botschaft der Seraphim

»Schöpfe neue Kraft aus dem gegenwärtigen Moment, und blicke auf deine Ziele. Was von dem, was du dir vorgenommen hast, hast du noch nicht erreicht? Hast du alles versucht, um es zu verwirklichen? Wenn ja, ist dies der Moment, Frieden damit zu schließen und loszulassen. Verringere den Druck, und handle mit Freude. Richte deinen Fokus jetzt auf all das, was du in deinem Leben schon erreicht und erschaffen hast, und sei stolz darauf. Denke immer an die Essenz deines Seins, an den göttlichen Funken, der du bist. Erinnere dich: Alles geschieht aus einem bestimmten Grund.«

Schöpfungsimpuls

Tue etwas Heilsames für dich, und öffne dein Bewusstsein. Schließe dafür einen Moment deine Augen, und gehe gedanklich in die Zeit zurück, als du 13 oder 14 Jahre alt warst. Stelle dir vor, wie du als dein heutiges Ich dein altes Kinderzimmer betrittst und dich zu deinem früheren Ich auf sein Bett setzt. Erzähle ihm, was du in deinem Leben alles erlebt und geschafft hast. Auf diese Weise wird dir die Essenz deines Seins bewusst.

Affirmation

»Ich bin untrennbar mit allem verbunden.«

Ewige Verbundenheit

Eine lichtvolle Seele wacht über dich.

Bedeutung der Karte

Mit dieser Karte möchte dir eine bereits ins Licht gegangene Seele, mit der du noch immer eng verbunden bist, ihre tiefen Gefühle senden. Du hast die Seraphim gerufen, weil du eine große Sehnsucht in dir spürst und wissen möchtest, wo diese Seele ist, die dir so sehr fehlt. Vielleicht ist es auch die Sehnsucht nach jemandem, dem du noch nicht begegnet bist, von dem du jedoch weißt, dass er da ist, z.B. ein Partner/eine Partnerin oder ein Kind. Die Seele, die du suchst, befindet sich im Tempel der Schöpfung, denn dort ist die Ebene des ewigen Seins, der Zugang zur paradiesischen Heimat in der höchsten Gegenwart der Liebe. Wisse, dass du und diese Seele untrennbar miteinander verbunden seid, ob im Diesseits oder im Jenseits. Was zusammengehört, bleibt zusammen. Du bist nicht allein!

Botschaft der Seraphim

»Wir haben eine Botschaft von einer ins Licht gegangenen Seele für dich. Spüre ihre Präsenz deutlich an deiner Seite, durch einen Lufthauch, ein warmes Gefühl, einen besonderen Geruch, schöne Gedanken, Visionen oder Erinnerungen. Die Seele sagt dir, dass sie immer bei dir ist und über dich wacht und dass ihr euch eines Tages wiedersehen werdet. Du wirst deinen Weg gehen, dein Leben meistern. Vertraue auf die Liebe, sie wird dich führen.«

Schöpfungsimpuls

Die Zeichen der Seelen, die mit uns verbunden sind, sind allgegenwärtig. Bestimmt kennst du Situationen, in denen du intensiv an jemanden denkst, und auf einmal klingelt z. B. das Telefon, und genau die Person, an die du gedacht hast, ist dran. Sei dir sicher: Unsere Seelen sind miteinander verbunden, und es gibt immer Wege, durch Raum und Zeit hinweg zueinanderzufinden. Die Zeichen können unterschiedlich sein, doch du wirst sie erkennen und wissen, von wem sie sind und was zu tun ist. Fühle dich in Liebe mit allem verbunden.

Affirmation

»Ich bin eins mit allem, alles ist eins mit mir.«

GEISTIGE KRAFT

Deine Zeit ist gekommen!

Bedeutung der Karte

Deine Liebe ist deine Stärke, glaube an dich. Du hast die Kraft, Schmerz und Leid in Zuneigung und Heilung zu wandeln, gleich, ob für dich selbst oder als Unterstützung für andere. Wichtig dabei ist deine Ausrichtung: Im Bewusstsein der Liebe kannst du die Situation so annehmen, wie sie ist, und daraufhin verändern. Du allein bist für dein Leben verantwortlich. Du weißt um die Kraft deiner Gedanken. Erschaffe mit ihnen das Leben, das du schon immer wolltest, und sei anderen dadurch ein Vorbild.

Botschaft der Seraphim

»Dein erwachter Geist strahlt hell und zieht dadurch viele Menschen an, denen du nicht nur gibst, sondern die auch von Herzen gern von dir nehmen. Es ist wichtig, dass du dich abgrenzt. Wir wissen, dass du oft stressige Zeiten hast, und wir helfen dir, deine Herausforderungen zu bestehen. Trainiere deinen Geist so, wie du auch deinen Körper trainierst, mache dich stark, und sei bereit. Deine Zeit ist jetzt, nutze dein ganzes Potenzial.«

Schöpfungsimpuls

Geistige Kraft versetzt dich in die Lage, dein Wissen und deine Leistung genau zur richtigen Zeit abzurufen. Es gibt viele Möglichkeiten des Mentaltrainings wie autogenes Training, Yoga … Erkundige dich und schaue, was am besten zu dir passt. Nimm dir bewusst Auszeiten, komme zur Ruhe, und reflektiere. Tue dies z. B. als Abendroutine vor dem Einschlafen.

Affirmation

»Ich glaube an die Kraft meines Herzens und handle danach.«

GLAUBE

Was für dich vorgesehen ist, wird auch geschehen.

Bedeutung der Karte

Mit dieser Karte stärken die Seraphim deinen Glauben. Durch sie kannst du dich sicher und gehalten fühlen, gleich, in welcher Situation du dich gerade befindest. Ob du Rückschläge erlebst, etwas nicht so funktioniert, wie du es dir vorgestellt hast, oder du gerade kurz davor bist, deinen Traum, dein Ziel oder deine Hoffnung aufzugeben oder den Glauben an dich selbst zu verlieren – sei dir sicher: Dein Glaube trägt dich über jedes Hindernis. Alles ist möglich! Vertraue auf dich selbst und darauf, dass die Engel dich begleiten. Erlebe, was dein Glaube bewirken kann und wie er sich mit der Zeit zu tiefem Wissen wandelt. Wenn du die Liebe der Engel erfahren hast, brauchst du nicht mehr an sie zu glauben, denn dann weißt du, dass sie da sind. Diese Gewissheit wird dir Sicherheit schenken. Glaube, dass alles wahr und möglich ist. Glaube an dein Glück!

Botschaft der Seraphim

»Glaube an den grenzenlosen Reichtum des Lebens! Mangel ist eine Illusion, Fülle ist in unerschöpflichem

Maß vorhanden. Wir lieben und halten dich. Wähle mit unserer Hilfe ein erfülltes Leben.«

Schöpfungsimpuls

Rufe die Seraphim in der Meditation zu dir, und bitte sie, dich bei der Umkehrung negativer Glaubenssätze zu unterstützen. Die Seraphim sind Meister des Wandels. Vertraue ihnen an, was dich blockiert, und lasse all deine destruktiven Gedanken von ihrer transformierenden Energie in dein höchstes Glück umwandeln. Glaube immer daran, dein Ziel zu erreichen, dann wird es auch geschehen. Positive Glaubenssätze können dich dabei unterstützen, die Fülle in dir zu aktivieren.

Affirmation

»Das Universum ist groß. Alles ist da, alles ist wahr, alles ist möglich!«

GOLDENES LICHT

Erwache im Licht der Engel.

Bedeutung der Karte

Ein goldenes Licht durchflutet den Raum, in dem du dich befindest. Spüre die reine Liebe und Energie der Seraphim. Ihr Licht berührt dich mit einer wohligen Wärme und erfüllt dich von innen heraus mit der Kraft des Höchsten. Zeigt es sich dir, passiert etwas Gutes, vertraue darauf. Du kannst es als Zeichen dafür sehen, dass du mit dem, was du aktuell denkst, spürst oder wahrnimmst, goldrichtig liegst. Es bestätigt dich und ist ein Wegweiser für deine nächsten Schritte. Lasse dich von der heilenden Liebe des höchsten Lichts durchströmen, bis du nur noch Freude in dir spürst. Werde eins mit dem goldenen Licht.

Botschaft der Seraphim

»Eine hohe Dimension tut sich auf, und du wirst Teil von ihr. Möge sie sich durch dich weiter öffnen und die Menschen in deinem Umfeld berühren und im höchsten Licht halten. Danke für dein lichtvolles Wirken und Sein.«

Schöpfungsimpuls

Entwickle deine medialen Fähigkeiten. Öffne dafür bewusst immer wieder deinen geistigen Kanal durch eine gezielte Entspannungsübung. Verbinde dich mit dem goldenen Licht, und lasse es durch dich hinaus in die Welt und wieder in dich hereinströmen, bis du das Gefühl hast, völlig losgelöst zu sein. Lasse dich führen, und spüre, wie sich deine medialen Fähigkeiten durch deine gezielte Hinwendung zum Licht immer stärker entwickeln.

Affirmation

»Der Weg, den ich gehe, ist der richtige.«

Hand in Hand

Himmlische Unterstützung erreicht dich.

Bedeutung der Karte

Gemeinsam mit den Seraphim ist alles möglich. Wirke mit ihnen Hand in Hand, und erreiche durch die Kraft eurer Verbindung wundervolle Ergebnisse. Ihr seid ein tolles Team! Rufe die Seraphim, wann immer du sie brauchst. Ihre Unterstützung kann himmlischer oder irdischer Natur sein. Sie verleihen Mut, schenken Heilung und schaffen Frieden, z. B. bei Familienkonflikten. Sie beschützen dich und greifen im Notfall ein. Vielleicht bietet dir jemand seine Hilfe an, oder du findest eine Gemeinschaft, die das gleiche Ziel hat wie du. Das Ziehen dieser Karte kann auch eine baldige Absprache, eine Zusage oder einen Vertrag symbolisieren. In jedem Fall bedeutet sie, dass alles gut wird – vertraue darauf.

Botschaft der Seraphim

»Verbindet euch in Menschlichkeit, und tragt gemeinsam das Licht in die Welt. Reicht einander die Hände, und verteilt das Licht überall dort, wo ihr seid. Jeder Beitrag ist unendlich wichtig, daher seid ihr genau jetzt auf der Erde inkarniert und im Bewusstsein der Liebe erwacht. Ihr habt Gott eure Hand gegeben, er wird euch mit allem unterstützen, was ihr braucht. Wir reichen euch unsere Hand, und eure Seelen werden reich belohnt.«

Schöpfungsimpuls

Es heißt: Tue jeden Tag eine gute Tat. Lasse dich heute von den Seraphim leiten, und reiche jemandem bewusst deine Hand. Ob du im Supermarkt einem älteren Mann die Tasche trägst oder jemandem über die Straße hilfst – biete deinen Beistand an. Die Engel wissen, wofür und für wen du eine Unterstützung sein kannst.

Affirmation

»Innere Stärke erfüllt mich.«

Himmlischer Impuls

Finde zu dir selbst.

Bedeutung der Karte

Hebe dich heute selbst auf eine höhere Ebene deines Bewusstseins, z. B., indem du dich in einer Meditation oder durch ein Gebet bewusst mit den Seraphim verbindest. Auf diese Weise nimmst du die himmlischen Impulse der Engel in dich auf. Die höheren Bewusstseinsebenen unterstützen dich dabei, dich immer besser kennenzulernen. Je mehr du dich selbst entdeckst, desto glücklicher wirst du sein. Die Engel senden dir Zeichen und Hinweise, achte gut auf alles, was dir wiederholt begegnet oder dir in der Meditation oder in deinen Träumen gezeigt wird.

Botschaft der Seraphim

»Viele himmlische Impulse wurden in Büchern für dich hinterlegt. Wir leiten dich zu ihnen, zu dem Wissen, das du gerade besonders benötigst. Mit ihm kannst du dich schneller weiterentwickeln, da es die Erinnerung in dir berührt und diese dadurch neu erwacht. All das unterstützt dich auf deiner Selbstfindungsreise auf der

Erde und so auch bei der bewussten Weiterentwicklung zur besten Version deiner selbst.«

Schöpfungsimpuls

Setze himmlische Impulse, z.B., indem du betest, ein Licht entzündest oder jemandem einen Segen schickst. Ein lichtvoller Akt wirkt oft Wunder. Es ist deine liebevolle Absicht, die gehört und gesehen wird.

Affirmation

»Ich wachse und entwickle mich weiter und werde zur besten Version meiner selbst.«

Hoffnung

Gib nicht auf!

Bedeutung der Karte

Halte an deinen Träumen fest, und freue dich auf eine positive Zukunft. Die Seraphim sind auch in schwierigen Lebenssituationen an deiner Seite. Sie geben dir durch ihre Anwesenheit die Hoffnung auf ein besseres Morgen. Die belastende Situation kann schon bald vorüber sein. Gib nicht auf! Spüre, wie die Engel dich und dein Urvertrauen mit ihrem Licht stärken, wie du von ihrer Liebe eingehüllt wirst und die Dunkelheit verschwindet. Hast du um ein Zeichen gebeten? Durch diese Karte erreicht dich der Segen der Seraphim. Möge ihr Licht immer in dir leuchten, möge jeder neue Morgen für dich von Hoffnung und Liebe erfüllt sein.

Botschaft der Seraphim

»Wir ermutigen dich, weiterzumachen, auch wenn alles gerade schwierig erscheint. Bleibe dran, und halte an deinem Traum fest. Wir helfen dir, neue Wege zu finden und deine Ängste zu überwinden. Hoffnung ist der Glaube daran, dass es einen positiven Ausgang geben wird. Falls du z.B. gerade einen Kinderwunsch in dir trägst, ist diese Karte ein Zeichen dafür, dass du schon bald guter Hoffnung sein wirst.«

Schöpfungsimpuls

Vertraue in deine Zukunft, und setze einen Samen der Hoffnung. Engagiere dich für eine gute Sache, die dir am Herzen liegt. Zeige dich im Außen, ob auf einer Social-Media-Plattform oder auf Veranstaltungen, und präsentiere das, wofür dein Herz voller Hoffnung und guten Glaubens brennt.

Affirmation

»Mit der Hilfe der Seraphim überwinde ich jegliche Rückschläge.«

HÖCHSTE SPHÄRE

Du bist immer willkommen.

Bedeutung der Karte

Wenn du diese Karte gezogen hast, ist deine spirituelle Entwicklung so weit fortgeschritten, dass du nun die Chance hast, aus den höchsten Sphären zu wirken. Die Engel, Meisterinnen und Meister und alle Lichtwesen laden dich ein, in ihren Wirkungskreis einzutreten. Dein Licht verbindet die irdische mit der höchsten Sphäre. Beide zusammen erzeugen eine Schwingung, die alles zwischen dem höchsten Punkt des Himmels und dem Mittelpunkt der Erde in Bewegung setzt. Die Seraphim wecken heute dein inneres Ohr mit ihrem sphärischen Klang, dem Urklang des Universums. Erkenne die Botschaft des Himmels, und erfahre die höchste Form der spirituellen Erkenntnis.

Botschaft der Seraphim

»Erkunde die energetischen Sphären der Erde, des Erdinneren, des Erdkerns sowie der Planeten und himmlischen Ebenen in Trancereisen oder Meditationen. Diese werden zu den spannendsten spirituellen Erfahrungen zählen, die du als Mensch im erwachten

Bewusstsein machen kannst. Begib dich auf diese Reise, wir begleiten dich voller Freude. Sei gespannt auf all die Erkenntnisse, die du dadurch erlangen wirst, sie werden dein Leben bereichern.«

Schöpfungsimpuls

Erlebe die energetischen Sphären, und bitte deine Seele, im Traum oder in Meditationen in sie einzutreten, um dort im Kreis der Engel, Meisterinnen und Meister und aller Lichtwesen zu wirken. Du wirst viele Botschaften, Eindrücke, Erinnerungen und Visionen wahrnehmen. Schreibe sie am Morgen oder im Anschluss an die Meditation auf.

Affirmation

»Meine Seele ist bereit, auf den höchsten Ebenen zu wirken.«

INNERES WISSEN

Verbinde dich mit deiner Seelenweisheit.

Bedeutung der Karte

Diese Karte offenbart dir das, was du schon immer wissen wolltest, oder erinnert dich wieder an etwas, was einmal in Vergessenheit geraten ist. Erlaube deiner Seele, dir jetzt dein inneres Wissen zu zeigen. Dein Höheres Selbst ist in den göttlichen Plan eingeweiht und führt dich zu dem ursprünglichen Wissen, das dich auf deinem Weg auf der Erde unterstützen soll. Alles, was du brauchst, liegt bereits in dir, öffne dich dafür. Vielleicht führen die Seraphim dich zu einem bestimmten Buch, oder du erfährst von einem Seminar, einer Veranstaltung, die dich anspricht. Lasse dich leiten.

Botschaft der Seraphim

»Das Vermächtnis, das viele Äonen lang geschlummert hat, wird mit unserer Hilfe wieder in dir wach. Du spürst dieses Erwachen wie ein Feuerwerk und kannst nur erahnen, wie groß das Feld ist, aus dem du stammst. Sei bereit, und nimm alles, was du jetzt empfängst, in deinen Geist, in deine Seele und in dein Herz auf.«

Schöpfungsimpuls

(Edel-)Steine, Bäume, Wasser, Eis, Salze – all dies und vieles mehr sind Wissensspeicher. Verbinde dich in einer Meditation mit ihnen, und spüre, welche Informationen sie für dich bereithalten. Viele Kraftorte wie Steinkreise und -felder, Dolmen oder Menhire sind Wissensbibliotheken, in denen du lesen kannst wie in einem Buch. Gehe in die Verbindung mit ihnen, erfahre das Wissen, das sie in sich tragen, und nutze es für dein Leben.

Affirmation

»Ich öffne mich intuitiv meinem inneren Wissen.«

JA!

Die Antwort auf deine Frage ist Ja.

Bedeutung der Karte

Ja ist heute die Antwort auf alles, gleich, welche Frage du stellst. Ja, alles ist wahr: die Anwesenheit, die Botschaften, die Liebe und die Unendlichkeit der Seraphim. Die Engel schenken dir von Herzen ihr Ja und bestätigen somit eure Freundschaft. Schenke auch du deinem Leben und all deinem Tun und Handeln deine Zustimmung. Wenn du das, was du tust, im Herzen bejahst, kannst du alle Aufgaben mit viel mehr Energie, Freude und Schaffenskraft verrichten. Vertraue auch dem Ja deines Herzens, denn es ist dein Kompass.

Botschaft der Seraphim

»Ja, wir wissen um all deine Hoffnungen, Wünsche und Träume und arbeiten mit dir an ihrer Erfüllung. Jeder Mensch hat seine eigene Lebensgeschichte, und es ist wichtig, dass du alles, was du bereits erlebt hast und was gegenwärtig ist, mit einem kraftvollen Ja in dir annimmst. Deine Zukunft kannst du mit Vorfreude erwarten. Stimme deinem Leben zu, sage: ›Ja, das bin ich, und das macht mich aus, denn nur, weil es so war, bin ich so, wie ich heute bin.«

Schöpfungsimpuls

Wenn du eine Ja-Nein-Frage hast, nimm zwei Zettel, und schreibe auf den einen Ja und auf den anderen Nein. Lautet die Frage hingegen, wo du Urlaub machen sollst, schreibe zwei Möglichkeiten auf, und übergib sie so in Gedanken den Engeln. Bitte sie um eine Antwort. Dann lege beide Zettel unter dein Kopfkissen, und schlafe eine Nacht »darüber«. Greife am Morgen unter dein Kissen, und wähle intuitiv einen der Zettel aus. Das ist deine Antwort.

Affirmation

»Die Chancen stehen gut. Mein Vorhaben wird mir gelingen.«

KÖRPER, GEIST & SEELE

Schaffe ein gesundes Gleichgewicht.

Bedeutung der Karte

Vertraue darauf, dass die Seraphim dir helfen, ein gesundes Gleichgewicht von Körper, Geist und Seele zu schaffen. Lasse dich dafür von ihrer Energie liebevoll einhüllen, sodass du alle Anspannungen in dir lösen kannst. Körper, Geist und Seele sind eng miteinander verbunden und beeinflussen sich gegenseitig. Wenn du dich körperlich oder seelisch nicht wohlfühlst, kann das Auswirkungen auf deine geistige Gesundheit haben. Umgekehrt können psychische Probleme zu körperlichen Beschwerden führen. Auch der Lichtkörperprozess als tiefgehender spiritueller, mentaler, energetischer und letztlich auch physischer Transformationsprozess beeinflusst deine innere Balance entscheidend. Manchmal bringt er körperliche Symptome mit sich. Das liegt vor allem daran, dass wir uns geistig und spirituell oft rasant weiterentwickeln. Hast du mitunter Beschwerden, die medizinisch nicht erklärbar sind? Das sind vermutlich Lichtkörpersymptome.

Botschaft der Seraphim

»Nicht nur das Gleichgewicht von Körper, Geist und Seele ist wichtig. Wenn du im Einklang mit dem Universum bist, bist du angeschlossen an das große Feld der Liebe und der Weisheit, durch das dir viele wundervolle Ideen und Eingebungen gesendet werden. Bleibe mit unserer Hilfe im Gleichgewicht, mit der dadurch gewonnenen Stabilität wird dir alles leichter fallen.«

Schöpfungsimpuls

Regeneration vom oftmals stressigen Alltag bringt dir die nötige Balance. Finde heraus, welche Methode dir wirklich guttut, und wende sie regelmäßig an, bis sie zur Routine geworden ist. Ob eine kurze Yoga-Sequenz am Morgen, eine Meditation, Qigong, Sport oder ein schöner Spaziergang – bringe Körper, Geist und Seele wieder in Harmonie. Beginne mit deiner Atmung: Atme dreimal tief ein und wieder aus. Nimm dabei Entspannung in dich auf, und lasse alle Verspannungen los. Mache das so oft, bis du dich ruhiger und wohler fühlst.

Affirmation

»Mein Körper, mein Geist und meine Seele sind in Einklang.«

KRAFTFELDHEILUNG

Vereinte Kraft, wirke aus dem Licht!

Bedeutung der Karte

Diese Karte teilt dir mit, dass du, gleich, was du gerade zu bewältigen hast oder was du erreichen möchtest, andere um Unterstützung bitten sollst. Gemeinsam könnt ihr das Ziel erreichen. Verbinde dich mit den Seraphim, und arbeite gemeinsam mit anderen Menschen, um mit vereinten Kräften das Ziel zu erreichen, das gerade vor euch liegt. Die Seraphim laden dich ein, für dich, für andere und für den Planeten aus dem Licht zu wirken. Es ist leichter und effektiver, die Lichtarbeit in der höchsten Ebene zu verrichten als auf der Erde. Dort kannst du mithilfe der Engel, Meister und Lichtwesen Heilung senden und selbst erfahren.

Botschaft der Seraphim

»Wir bestärken dich und andere von Herzen darin, aus dem Licht heraus zu wirken. Es ist die effektivste Möglichkeit, etwas zu bewegen. Verbindet euch in Gruppen, und kommt gemeinsam zu uns in den Tempel der Schöpfung. Lasst Menschen, Tieren, Orten, Ländern und dem Planeten die Unterstützung zukommen, die gerade so dringend benötigt wird. Ruft uns, und wir sind da. Verbindet euch mit uns, und wir tragen euch in die feinstofflichen Gefilde.«

Schöpfungsimpuls

Bitte die Seraphim darum, dass sie dich/euch als Gruppe auf diese Lichtebene, im Tempel der Schöpfung, führen. Stelle es dir vor, und es geschieht. Schließe dich nun einem Heilkreis an, oder versammle dich mit deiner Gruppe. Die Seraphim, die dich/euch hergebracht haben und hier zugegen sind, stehen hinter dir/euch und verbinden dich/euch mit ihrer unendlichen Kraft. Spüre, wie dich/euch jetzt ein ultimatives Energiefeld durchströmt und du/ihr mit den Engeln und allen Lichtwesen durch diese Kraft wirken kannst/könnt.

Affirmation

»Zusammen sind wir stark.«

KREATIVE LÖSUNGEN

Hilfe kommt manchmal von unerwarteter Seite.

Bedeutung der Karte

Lasse den Dingen ihren Lauf, und öffne dich für alle Richtungen, denn die Hilfe, um die du gebeten hast, kommt von jemandem, mit dem du nicht rechnest. Manchmal braucht es einen Impuls von außen, um sich für neue Möglichkeiten öffnen zu können. Diese Karte ist dieser Impuls. Die Seraphim verfügen über unzählige Informationsquellen und Verbindungen – bitte sie um ihre Unterstützung. Sei offen, meist erscheinen sie uns in Menschengestalt. Wenn etwas einmal nicht sofort funktioniert, gib nicht auf, und sei dir sicher: Du wirst eine Lösung finden. Du hast viele Helfer an deiner Seite, die dich lieben.

Botschaft der Seraphim

»Mache dich mit den höheren Ebenen vertraut, von hier aus kannst du viel klarer denken und sehen. Wir legen dir ans Herz, aus dem Licht heraus zu wirken. Aus ihm heraus hast du alle Möglichkeiten, zu erkennen und zu verstehen, was gerade für dich wichtig ist. Denke daran, dich regelmäßig energetisch zu reinigen, negative Energie und Blockaden haben oft immense Auswirkungen auf dein Leben. Wenn du möchtest, bitte uns um Hilfe, und wir werden dir neue Wege zeigen, dies zu tun.«

Schöpfungsimpuls

Meditiere, und betrachte die Situation/das Problem von einer höheren Warte aus. Bitte dein Ego, ganz zur Seite zu treten. Dann atme tief durch, und weite dein Bewusstsein. Bitte nun die Seraphim, deine innere intuitive Weisheit zu aktivieren. Du wirst schon bald überraschende Lösungsansätze erhalten.

Affirmation

»Kreative Lösungen offenbaren sich mir.«

LICHTSAMEN

Erschaffe dir eine lichtvolle Zukunft.

Bedeutung der Karte

Säe heute das, was du morgen ernten möchtest. Setze den Lichtsamen für die Neue Zeit, angefüllt mit bewussten Gedanken, Ideen, Erkenntnissen oder Wünschen und Visionen, um deine Zukunft bestmöglich vorzubereiten. Die Seraphim senden dir diese Karte aus einem ganz bestimmten Grund: Es ist an der Zeit, dass du aktiv wirst. Jede Energie beginnt mit einem ersten Impuls, in dir zu keimen. Energie folgt immer der Aufmerksamkeit. Damit dieser Impuls weiterwachsen kann, schenke deinen Lichtsamen heute deine ganze Aufmerksamkeit, nähre sie mit deiner Vorstellungskraft, lasse sie in dir wachsen und gedeihen. Kümmere dich bewusst um sie, denn sie sind deine Zukunft.

Botschaft der Seraphim

»Alles, was einmal beginnt, wird auch wieder enden, um Platz für Neues zu schaffen. Prüfe, was dir noch wahrhaft dient und was unnötig Raum einnimmt und dir Energie entzieht. Vielleicht ist es genau dieser Raum, den es braucht, damit du in deine Kraft kommst. Feiere einen Anfang, indem du das Ende segnest. Bedanke dich bei allem, was dir lange Zeit gedient hat, und transformiere es mit unserer Hilfe in Liebe.«

Schöpfungsimpuls

Lege einen bestimmten Tag in der Woche fest, an dem du für 10 Minuten dein Lebensfeld nährst, indem du all deinen Wünschen Aufmerksamkeit schenkst. Trage diesen Termin in deinen Kalender ein. Stelle dir immer wieder die Erfüllung deiner Wünsche vor. Nähre sie regelmäßig mit deinem Licht und deiner Liebe, auf diese Weise werden sie für dich in Schönheit erblühen.

Affirmation

»Ich bin dankbar für meine wundervolle Zukunft.«

LICHTVOLLE HEILUNG

Heute geht etwas für dich in die Heilung.

Bedeutung der Karte

Spüre heute das Licht der Heilung und Regeneration, und öffne dich für neue Möglichkeiten. Die Seraphim senden dir Impulse, denn Heilung kann auf vielen Ebenen und durch viele Methoden geschehen. Das Wichtigste ist dein Glaube. Wenn du glaubst, ist mit der Hilfe der Engel vieles möglich. Bist du vielleicht selbst Heiler oder entdeckst ihn gerade in dir? Informiere dich über all die lichtvollen Möglichkeiten, die dir oder den Menschen und Tieren, die zu dir kommen, Unterstützung bringen können. Das Lichtfeld der Heilung ist unendlich groß, bilde dich weiter. Vielleicht ist jetzt auch genau der richtige Zeitpunkt, zu dem Seminar zu gehen, an dem du schon lange teilnehmen wolltest, neue Techniken zu lernen oder generell über natürliche Wege der Heilung nachzudenken und auf den Ursprung jeder Thematik zu blicken.

Botschaft der Seraphim

»Du hast alle Kraft in dir, für dich selbst und andere um Heilung zu bitten. Deine medialen Fähigkeiten ermöglichen dir in Kombination mit den verschiedensten Methoden, wundervolle neue Wege zu gehen. Aktiviere diese Energien in dir immer mehr, und Heilung wird geschehen.«

Schöpfungsimpuls

Gehe in die Meditation, und stelle dir vor, wie die Seraphim dich berühren und mit ihrer alles harmonisierenden Energie jedes Ungleichgewicht ausbalancieren. Ihre Heilfrequenzen klären und stärken dich, schenken dir Ruhe und Gelassenheit. Vertraue den Impulsen, die sie dir jetzt senden. Spüre, wie dich ein lichtvoller Balsam durchströmt und du dich durch die Berührung der Seraphim erneuerst und regenerierst.

Affirmation

»Ich bitte um Liebe, Licht und Heilung für mein gesamtes Energie- und Körpersystem.«

Nächster Entwicklungsschritt

Du bist auf deinem Weg geführt.

Bedeutung der Karte

Mit dieser Karte zeigt sich dir die Zukunft. Öffne dich vertrauensvoll den lichtvollen Möglichkeiten der Neuen Zeit. Die Seraphim kündigen dir einen Neubeginn an. Bitte sie, dir die besten Chancen für deinen weiteren Weg zu offenbaren, und viele Türen werden sich für dich wie von Zauberhand öffnen. Spüre die Magie. Sie lässt dich erahnen, was das Universum alles möglich machen kann. Magie ist nichts anderes als der bewusste Umgang mit Kraft. Lenke deine Gedanken und Energien auf den Weg, der vor dir liegt. Gehe ihn intuitiv, und sei dir gewiss: Du bist immer geführt! Falls dich etwas aus deiner Vergangenheit festhält, werden die Seraphim die Fesseln lösen.

Botschaft der Seraphim

»Höre immer auf dein Herz. Es ist Zeit für einen friedvollen Neuanfang. Du bist bereit, auf eine neue Ebene des Seins gehoben zu werden. Alles, was du dafür brauchst, hast du bereits in dir. Nutze die Möglichkeiten, die sich

dir bieten. Jetzt ist der richtige Zeitpunkt, in die Zukunft zu schauen, gleich, wie diese für dich aussehen mag. Ob mit neuer fortgeschrittener Technik, neuen Medien wie Youtube oder einer neuen Kartenlegung.
Bist du selbstständig und hast eine eigene Firma? Dann sei dir gewiss: Wir werden dir die nötige Unterstützung anbieten. Du wirst unseren positiven Einfluss und unsere Hilfe immer spüren.«

Schöpfungsimpuls

Blicke mit den Seraphim in einer Meditation auf deine Zukunft, und erkenne deine drei wichtigsten Lebensthemen, z.B. Familie, Freundschaft, Liebe, Beruf, Gesundheit … Nimm das, was dir gezeigt wird, ob durch Bilder, Gedanken oder Gefühle, in Liebe an, und vertraue deiner Wahrnehmung. Bitte die Seraphim, dir zu offenbaren, was noch im Verborgenen liegt. Visualisiere, auf welchem Weg du dein Ziel zu deinem ersten Lebensthema am besten erreichen kannst, und betrachte alles, was dir erscheint. Verweile für einen Moment in deiner Wahrnehmung. Verfahre auf diese Weise auch mit deinem zweiten und dritten Lebensthema. Atme tief ein und aus, und nimm alles, was dir gezeigt wurde, in dein Herz auf. Zur Unterstützung wiederhole in Gedanken für jedes Thema die folgende Affirmation.

Affirmation

»Mein Herz, mein Verstand, mein Leben und alles darin befinden sich jetzt im Gleichgewicht und im Frieden. Ich bin bereit für einen Neuanfang, ich bin bereit für meine Zukunft! Der nächste Schritt offenbart sich mir.«

Neue Erde

Verändere die Welt.

Bedeutung der Karte

Du hast diese Karte gezogen, weil du auserwählt bist, die Welt zu verändern. Ein jahrtausendealter Erdenzyklus geht gerade zu Ende, und du bist ein Teil davon. Du hilfst, die Erde neu zu erschaffen. Alles und jeder ist in diesem Prozess wichtig. Sende dein Licht von dort, wo du bist. Als Kollektiv strahlen wir der Neuen Zeit entgegen. Bedingungslose Liebe und Vergebung sind der Schlüssel, mit dem wir gemeinsam im universellen Selbst die Welt um uns herum verändern. Öffne dich für diese Veränderungen, und du wirst gestärkt in der Neuen Welt erwachen.

Botschaft der Seraphim

»Stärke in dieser Phase deines Lebens immer wieder dein Wurzelchakra, denn es ist wichtig, gut geerdet zu sein. Je geerdeter du bist, desto höher bist du an die lichte Kraft angeschlossen. Fühle die Stabilität, wenn dich der Wind des Lebens umzuwehen droht. Spüre deine Füße fest auf der Erde, und vertraue darauf, dass nichts und niemand dich entwurzeln kann, denn du weißt, wer du bist. Deine Wurzeln halten dich, immer!«

Schöpfungsimpuls

Mache diese Visualisierungsübung zu deiner Morgenroutine: Stelle dich locker hin, und spüre deine Füße fest auf dem Boden. Nun stelle dir vor, wie Wurzeln aus deinen Fußsohlen wachsen und sich tief mit dem Inneren der Erde verbinden. Sie gehen durch alle Schichten hindurch bis zum Mittelpunkt, an dem sich ein wunderschön strahlender Diamant befindet. Die Wurzeln wachsen um den Diamanten herum, halten sich an ihm fest und verbinden sich mit seiner Kraft. Spüre, wie diese Kraft zurück in deine Fußsohlen und in dich hereinfließt. Nimm diese Energie in dich auf, und nutze sie für deinen Tag. Fühle dich fest verbunden und geerdet.

Affirmation

»Ich stehe mit beiden Beinen fest im Leben.«

PLAN DER SCHÖPFUNG

Schaue zum Ursprung.

Bedeutung der Karte

Die Seraphim lenken heute deinen Blick auf jenen Moment, der all deine Fragen beantwortet, der dein Leben in einem völlig neuen Licht erstrahlen lässt – als deine Seele bereit war, zur Erde zu gehen. Sie zeigen dir, welche Lichtwesen damals beratend an deiner Seite standen. Was hast du dir für dieses Leben vorgenommen, was steht für dich im Plan der Schöpfung? Wo hat die Reise deiner Seele begonnen? Diese und weitere essenzielle Seinsfragen eröffnen sich dir nach und nach, immer, wenn du diese Karte ziehst. Mithilfe der Seraphim findest du die Antworten darauf. Unter anderem bedeutet diese Karte auch, dass du etwas aufklären oder hinterfragen sollst, falls du gerade in einer Situation nicht weiterkommst oder dir etwas nicht richtig erscheint. Blicke zum Anfang, und frage dich, was der Ursprung dieser Situation ist. Die Engel erinnern dich an das Gefühl, das du dabei gespürt hast.

Botschaft der Seraphim

»Wir lassen dich den Zauber deines Anfangs spüren und zeigen dir den Schöpfungsmoment deines Seelenbewusstseins, damit du verstehst, warum die Dinge so sind, wie sie sind. Komme mit uns zu deinem Ursprung, zum Tempel der Schöpfung, denn hier hat deine Reise einst begonnen. Hier ist deine Heimat, hier kannst du dich selbst und all dein Potenzial erkunden. Erkenne deine Wurzeln, ob himmlische oder irdische. Spüre die enormen Möglichkeiten, die mit deiner Entwicklung auf deiner Erdenreise verbunden sind. Wir wünschen dir viel Freude beim Erkennen deiner Göttlichkeit.«

Schöpfungsimpuls

Begib dich in die Meditation. Atme tief ein und aus, und lasse dich vollkommen auf die Begegnung mit den Seraphim ein. Bitte sie, dich zum Moment deines Ursprungs zu führen. Zwölf Seraphim stehen nun im Kreis um dich herum und breiten alle gleichzeitig ihre sechs lichtvoll strahlenden Flügel aus. Sie hüllen dich in goldenes Licht, das dich augenblicklich zu jenem Moment trägt, in dem du sehen, hören und verstehen kannst, was der Plan deiner Seele in diesem Leben ist. Erkenne, wer im Moment deines Ursprungs gegenwärtig war, und spüre die Energie. Sieh mit dem Herzen, und verstehe, was deine Seele lernen und erfahren möchte. Dieser Moment schenkt dir tiefes Vertrauen in dich und dein Leben. All deine Fragen werden beantwortet, und du spürst, dass alles gut so ist, wie es ist, und du dich zu jeder Zeit sicher, geliebt und gehalten fühlen kannst. Sieh nun, wie sich deine Seele voller Vorfreude auf das Leben inkarniert. Dieses Erlebnis wird dein Leben positiv verändern, denn du weißt, dass alles unendlich und verbunden ist und du deinen Weg voller Vertrauen weitergehen kannst. Das goldene Licht der Seraphim erfüllt dich, jede Zelle deines Seins. Du erkennst jetzt deine Göttlichkeit. Sei dir gewiss, dass du jede Herausforderung meistern wirst. Alles ist gut, du bist niemals allein.

Affirmation

»Ich erkenne den Ursprung meiner Seele.«

Portal

Der Weg ist frei.

Bedeutung der Karte

Die Seraphim öffnen dir heute das Tor in die Geistige Welt, in die Reiche des Lichts. Schreite hindurch, wirf mit deinem Dritten Auge einen Blick auf deine kosmische Heimat, und erkunde dein Seelenleben. Die Zirbeldrüse steht in direkter Verbindung mit deinem Dritten Auge und ermöglicht dir alle feinstofflichen Erfahrungen. Falls heute oder in Kürze ein Portaltag ist (das kannst du ganz leicht online nachschauen), bedeutet diese Karte, dass bald etwas Besonderes geschehen wird. Nutze die hohen Schwingungen und die kosmischen Strömungen der Portaltage, denn sie haben eine starke Wirkung. Die Schleier zwischen den Welten sind an diesen Tagen sehr durchlässig, wodurch du mit allen Lichtwesen noch intensiver in Verbindung treten kannst.

Botschaft der Seraphim

»Die Tore zu den Reichen des Lichts sind weit geöffnet. Wir tauchen heute gemeinsam mit dir in diese ein und gewähren dir einen Blick in die zeitlose Welt.

Dort kannst du deine Lieben wiedersehen, die bereits verstorben sind. Wir wissen, dass du sie vermisst. Doch denke daran, dass nichts und niemand im Universum verloren geht. Wir treffen uns alle wieder zwischen Raum und Zeit.«

Schöpfungsimpuls

Tauche mit dieser kurzen Meditation vor dem Schlafen durch das Portal in die Geistige Welt ein. Rufe dafür die Seraphim, und stelle dir vor, wie sie dich in die Feinstofflichkeit tragen. Du fliegst sicher mit ihnen, immer höher entlang der goldenen Himmelsleiter. Sie führen dich hinauf bis zum göttlichen Tor. Auf jeder Sprosse der Himmelsleiter sitzt ein Lebensbegleiter. Sobald du oben angekommen bist, öffnet sich dir das himmlische Tor, und ein Chor der Engel erklingt und heißt dich willkommen. Lasse dich, im Tempel der Schöpfung angekommen, von den Engeln durch deine kosmische Heimat führen. Genieße die Zeit, und komme zurück, wenn du bereit bist. Die Seraphim werden dich sicher zurückgeleiten.

Affirmation

»Alle Türen öffnen sich jetzt für mich.«

Ruf der Seele

Deine Seele kennt den Weg.

Bedeutung der Karte

Die Seraphim spüren deine Sehnsucht danach, in die himmlische Ebene aufzusteigen und dort Kontakt mit deinen Lichtgeschwistern aufzunehmen, die unvergleichbare Liebe zu spüren und in der hohen Energie zu schwingen. Deine Seele fühlt sich oft allein, so, als wäre ihr Platz nicht hier auf der Erde. Dieses Gefühl der Trennung ist jedoch nur eine Illusion, denn du bist und warst nie getrennt von der Quelle allen Seins. Du bist immer mit allem verbunden. Das, was du tief in dir spürst, ist das Verlangen deiner Seele nach der Erfüllung deines Lebensplans, nach geistiger Erleuchtung und nach vollkommener Erkenntnis. Er ist wie ein Weckruf des Göttlichen und erinnert dich an deinen Seelenweg. Mit dieser Karte sagen die Engel dir: »Wir sind bei dir, vertraue auf dich, denn du kennst deinen Weg!«

Botschaft der Seraphim

»Der Ruf deiner Seele ist wie ein innerer Kompass. Er ist die leise Stimme deiner Intuition, das Empfinden, das du hast, wenn sich etwas nicht richtig anfühlt. Lasse dich von ihm führen, und nimm all die wundervollen Erfahrungen aus diesem Leben tief in dich, in deine Seele auf, denn sie sind das, was dein Leben überdauern wird, was für immer besteht. Deine Seele wird für dich alles in dein ewiges Sein tragen. Höre, wie ihr Ruf erklingt und sie mit dir über die reine Liebe kommuniziert, die euch einander ohne Worte verstehen lässt und dir mitteilt, was für dich auf deinem Weg gerade von Bedeutung ist.«

Schöpfungsimpuls

Verbinde dich immer wieder bewusst mit deiner Seele, ganz besonders, wenn es um wichtige Entscheidungen geht. Bitte sie, dir deutliche Hinweise zu senden, z.B., welchen Weg du gerade gehen sollst, um mit deinem Lebensplan übereinzustimmen. Wenn du einen Impuls spürst, bedanke dich bei ihr.

Affirmation

»Mit der Hilfe meiner Seele aktiviere ich die reine Liebe in mir.«

SCHÖPFERKRAFT

Deine Ideen wollen in die Welt!

Bedeutung der Karte

Die Seraphim erheben mit dieser Karte deine Schöpferkraft ins höchste Licht, denn sie wollen, dass sich alles, was du dir vornimmst, verwirklicht. Deine Ideen entstehen aus dir und gehören zu dir. Die Seraphim entstammen dem Tempel der Schöpfung und sind untrennbar mit dieser verbunden. Sie erinnern dich daran, dass alles möglich ist. Sie sind Impulsgeber, die dich durch ihre Berührung in Bewegung versetzen, und offenbaren dir Wege, deine Gedanken sichtbar zu machen. Schöpfe aus dem großen Feld, und erschaffe aus dem Nichts. Alles, was du denken und fühlen kannst, kannst du auch sein. Du wirkst im Schöpfungsprozess für die Neue Welt mit. Spüre dein Sein, spüre, wer du bist, und glaube an deine Superpower: die Schöpferkraft.

Botschaft der Seraphim

»Schöpferkraft ist die Fähigkeit, Neues zu erschaffen und bereits zu wissen, wie das Endergebnis aussehen soll. Es ist immer gut, Helfer und Helferinnen zu haben, die dich unterstützen. Wir helfen dir dabei, Ideen zu entwickeln, neue Wege zu finden und, wenn nötig, auch Probleme zu lösen. Doch der Motor für dies alles liegt tief in dir: Es sind deine Gefühle. Du musst wie ein Feuerwerk der Emotionen in dir spüren, wie es sich anfühlt, wenn du deinen Traum realisiert hast. Visualisiere den Moment vor deinem Geistigen Auge, und erlebe die damit verbundenen Emotionen. Das ist der Schlüssel zum Erfolg, und mit unserer Hilfe wirst du dein Ziel erreichen.«

Schöpfungsimpuls

Tue etwas für dich und dein Leben, wirke mit deiner Schöpferkraft hier auf der Erde und in den hohen Dimensionen. Die Seraphim tragen dich hinauf ins Licht, zu einer höheren Perspektive, aus der du auf dein Leben blicken kannst. Sie verleihen dir die Sicht eines Engels. So kannst du selbst der Engel sein, den du gerade in deinem Leben brauchst. Blicke nun ganz wertfrei auf deine gegenwärtige Situation. Atme tief ein und aus. Nimm dir dafür so viel Zeit, wie du brauchst. Dann erschaffe im Licht, was du dir für dein Leben wünschst.

Affirmation

»Alles, was ich mir vornehme, wird gelingen.«

Seelenfreunde

Jemand kommuniziert telepathisch mit dir.

Bedeutung der Karte

Diese Karte ist eine Botschaft von einem dir nahestehenden Menschen oder Tier, gleich, ob aus dem Diesseits oder dem Jenseits. Du wirst genau wissen, um welche Person oder welches Tier es sich handelt. Sicher ist: Es ist ein Seelenfreund/eine Seelenfreundin, der/die nur das Beste für dich will und dich liebt. Öffne dein Herz, und sende ihm/ihr eine liebevolle Antwort. Vielleicht ist diese Karte auch ein Zeichen dafür, dass du bald einer wundervollen Seele begegnest, die die gleichen Interessen hat wie du, und ihr schließt eine Seelenfreundschaft. Falls du schon länger darüber nachdenkst, zu lernen, mit Tieren zu kommunizieren, nutze diesen Impuls. Besuche ein Seminar oder lies ein Buch darüber, denn es wird dir Freude bringen.

Botschaft der Seraphim

»Einer/eine deiner Seelenfreunde/Seelenfreundinnen hat sich telepathisch mit uns verbunden, um dir eine Nachricht zu senden. Ihr gehört für immer zusammen und werdet gemeinsam jede Herausforderung meistern. Du wirst die Anwesenheit deines/deiner Seelenfreundes/Seelenfreundin auf all deinen Wegen spüren, denn er/sie ist immer da. Wisse, ihr steht zusammen alles durch, gleich, was kommen mag.«

Schöpfungsimpuls

Lasse dich von den Seraphim auf die höchste Ebene tragen, und bitte sie, auch deinen/deine Seelenfreund/Seelenfreundin zu holen, damit ihr auf Herzebene kommunizieren könnt. Nimm dein Gegenüber wahr, und verbinde dich über eine Regenbogenlichtbrücke von Herz zu Herz mit ihm. Über diese Verbindung könnt ihr miteinander kommunizieren. Vertraue den Worten, die du wahrnimmst. Lasse die Kommunikation so lange fließen, bis alles gesagt ist. Dann bedanke dich, und kehre in Begleitung der Engel in deinen Raum zurück. Diese Kommunikation auf der höchsten Ebene bewirkt oftmals Wunder, lasse dich überraschen.

Affirmation

»Ich bin dankbar für die wahren Freundschaften in meinem Leben.«

Seelenspiegel

Du bist wunderschön.

Bedeutung der Karte

Blicke in deinen Seelenspiegel, und erkenne, wie unendlich schön und groß dein Seelenbewusstsein ist und welches Potenzial sich noch hinter ihm verbirgt. Der Seelenspiegel offenbart dir, was dir deine Seele zeigen möchte. Schaue gut hin, und kommuniziere mit ihr. Über den Spiegel kannst du dich auch mit deiner Seelenfamilie verbinden und in die Erinnerung deines ewigen Seins eintauchen. Nimm das Wissen wahr, das du in deinen vergangenen Inkarnationen gesammelt hast. Entdecke dich selbst im Bewusstsein deiner Seelenkraft, und entfalte dein höchstes Potenzial. Alles, was du für deinen Seelenweg brauchst, ist bereits in dir.

Botschaft der Seraphim

»Erkenne, dass du ein nie endendes Bewusstsein in dir trägst, das all die Informationen deines Lebens in sich speichert. Diese Erinnerungen sind ein ganz besonderer Schatz, den du von der Erde in dein ewiges Sein, in den Tempel der Schöpfung mitnehmen wirst. Alles andere bleibt zurück, dein Seelenbewusstsein jedoch wird die Essenz dieses Lebens sein.«

Schöpfungsimpuls

Komme zur Ruhe, und verbinde dich über dein Drittes Auge mit deiner Seele. Schließe deine physischen Augen. Entspanne dich, und lasse dein Drittes Auge die Führung übernehmen. Sieh, wie sich dir deine Seele öffnet, und empfange, was sie dir sendet. Öffne anschließend deine Augen wieder, und notiere, was du wahrgenommen und gezeigt bekommen hast. Zur Unterstützung kannst du auch die Legemethode »Der Seelenspiegel« (S. 15) nutzen.

Affirmation

»Ich glaube an die Kraft meiner Seele. Ich bin bereit für ihre Liebe und dafür, sie der Welt zu zeigen.«

Selbstheilungskraft

Spüre und höre den inneren Heiler in dir!

Bedeutung der Karte

Achte gut auf dein seelisches Gleichgewicht, höre auf die Signale deines Körpers, und gönne dir immer wieder Pausen. Die Engel spüren, dass du gerade negative Gefühle in dir trägst, die dir und deinem Körper nicht guttun. Lasse dich von ihren Lichtschwingen einhüllen, und atme tief durch. So kannst du deine Sorgen loslassen. Dein Körper hat die wundervolle Möglichkeit der Regeneration und Selbstheilung, die du selbst aktivieren, fördern und unterstützen kannst. Höre auf deinen inneren Heiler. Verbinde dich mit ihm, und erkenne intuitiv, wie du deine Selbstheilungskräfte in der aktuellen Situation freisetzen kannst.

Botschaft der Seraphim

»Wir blicken in die Tiefe deiner Seele und berühren dich mit unserer Heilschwingung. Wir erkennen, was dich gerade blockiert, und befreien dich durch unsere lichte Kraft davon. Dadurch zeigt sich dir augenblicklich dein aktuelles Problem, und deine Selbstheilungskräfte werden freigesetzt. Bedanke dich bei deinem Problem für alles, was es dir gezeigt und dich gelehrt hat. Nun kann Heilung geschehen.«

Schöpfungsimpuls

Durch herzhaftes Lachen werden Glückshormone freigesetzt und gleichzeitig Stresshormone gesenkt. Mache heute etwas, was dich zum Lachen bringt. Hast du schon einmal von Lachyoga gehört? Bei dieser besonderen Form des Yogas, bei der das grundlose, künstliche Lachen zu echtem Lachen anregen soll, gibt es eine Übung, die heißt »Das Buch des Lächelns«. Probiere sie doch gleich einmal aus. So funktioniert sie: Falte deine Hände vor deiner Brust, und öffne sie dann vor dir wie ein Buch. Stelle dir vor, dass auf den Seiten die Aufforderung steht, zu lächeln. Tue es, und denke dabei an etwas, was dir Freude bereitet. Dann lächle so lange, wie es dir guttut. Klappe das »Buch« anschließend wieder zu. Wiederhole die Übung, und setze so immer wieder Glückshormone in dir frei.

Affirmation

»Ich bin vollkommen gesund.«

SEQUENZ DER LIEBE

Du wirst über alle Maßen geliebt!

Bedeutung der Karte

Lasse dich heute von der Liebe der Engel berühren und von der Leidenschaft deines Herzens inspirieren. Öffne dein Herz, und lade die Liebe in dein Leben ein. Sei mutig: Zeige und sage all denen, die du liebst, was du empfindest, denn das Leben ist schnell vorbei. Nutze die Möglichkeiten, die dir gegeben sind. Bewahre dir deine kindliche Freude und Begeisterung für alles Schöne dieser Welt. Öffne dich für neue Dinge, erinnere dich an Altbewährtes, und wecke deine Freude daran wieder neu. Vielleicht ist diese Karte ein Zeichen dafür, dass du schon bald eine neue Liebe zu jemandem findest, die oder der auf der gleichen Schwingungsebene ist wie du. Erträume dir das schönste Leben, und glaube ganz fest daran, dass die Liebe alle Hürden überwinden kann, denn: Liebe versetzt Berge!

Botschaft der Seraphim

»Spüre die ursprüngliche Liebe aus dem höchsten Bewusstsein. Keine Kraft ist stärker als sie, kein Gefühl ist schöner, und nirgends möchtest du lieber sein als in ihr. Tauche in die Sequenz der Liebe ein, die alles überstrahlt und dich glücklicher macht als jede deiner bisherigen Erfahrungen. Ehre diese Liebe, wie auch sie dich ehrt. Das höchste Licht erhebt und segnet dich mit dem Glück, für das du geboren wurdest und lebst. Wir sind an deiner Seite.«

Schöpfungsimpuls

In Bezug auf die Liebe gibt es nur einen Impuls, den du dir zu Herzen nehmen solltest: Höre auf dein Herz, immer.

Affirmation

»Licht und Liebe durchströmen mein ganzes Leben.«

STÄRKE

Nimm die Herausforderungen des Lebens an.

Bedeutung der Karte

Heiße heute das Leben mit all seinen Herausforderungen willkommen. Die Seraphim wissen, dass du viel Verantwortung trägst. Sie hat dich zu der Person gemacht, die du jetzt bist. Erkenne, was du bereits geschafft hast, und sei stolz auf dich. Du kennst deine Grenzen und strahlst eine Stärke aus, die jeder in deiner Umgebung wahrnehmen kann. Öffne dein Herz, lasse Schmerz, Neid und Missgunst los. Nimm deine Erfahrungen als Segen an, denn sie haben dich und dein Leben geprägt. Lerne aus ihnen, und gehe gestärkt daraus hervor.

Botschaft der Seraphim

»Wir wissen, dass du es aufgrund deiner großen Feinfühligkeit nicht immer leicht hast. Doch erkenne sie als eine Superkraft an, denn sie ist deine emotionale Stärke. Dein Sein schenkt vielen Menschen Vertrauen und das Gefühl, so akzeptiert zu werden, wie sie sind. Achte jedoch immer gut auf dich. Fühle mit, aber bürde dir den Schmerz der Welt nicht auf. Diese Aufgabe obliegt uns, wir transformieren die negativen Gefühle auf himmlische Art und Weise. Du bist stark in dem, was du tust, mache weiter so.«

Schöpfungsimpuls

Stärke kann sich immer weiterentwickeln, gleich, ob sie mental oder körperlich ist. Durch regelmäßige Meditation oder Yoga-Übungen festigst du deinen Geist. Sport und eine gesunde Ernährung helfen dir, körperlich stärker zu werden. Gehe so oft wie möglich spazieren, denn auch das schenkt dir neue Klarheit und Kraft für den Tag.

Affirmation

»Meine innere Stärke gibt mir die Kraft, alle Hürden des Lebens zu meistern.«

TEMPEL DER SCHÖPFUNG

Ein Gruß aus der Lichtheimat erreicht dich.

Bedeutung der Karte

Das Licht der Schöpfung strömt aus der höchsten Gegenwart der Liebe zu dir. Du bist heute von sehr hohen Schwingungen umgeben, die dir Schaffenskraft, Lebensfreude, Stärke, Klarheit und kreative Gedanken verleihen werden. Spüre, wie du dich in ihnen vollkommen ausdehnst, spüre deine ureigene Kraft, die dir die Welt eröffnet. Hier im Tempel der Schöpfung ist der Ursprung allen Seins, hier hat deine Existenz begonnen. An diesen Ort wirst du eines Tages wieder zurückkehren. Lasse dich von der allumfassenden Präsenz der Liebe berühren, und tritt in den heiligen Tempel ein. Du weißt augenblicklich, dass es dir möglich ist, als lichtvolles Wesen zu wirken. Sei auf der Erde, was du im Hohen Selbst schon immer warst: Licht von Licht.

Botschaft der Seraphim

»Wir blicken voller Stolz auf all das, was du aus deiner Liebe heraus für dich selbst und für andere erschaffen hast. Wir sehen dich und sind immer bei dir. Achte gut auf dich und deinen Körper, denn er ist dein Tempel, durch den du wirkst. Teile dir deine Kräfte gut ein. Erkenne deine Grenzen, und wahre sie. Rufe uns, wenn du deinen Geist beleben und deinen Körper stärken willst, und wir tragen dich augenblicklich zur Quelle der Schöpfung, an der du dich erfrischen und Energie tanken kannst.«

Schöpfungsimpuls

Die Quelle allen Seins ist unerschöpflich und füllt dich immer wieder mit Energie auf, wenn du dich mit ihr verbindest. Sie hebt deine Schwingung an, und du fühlst dich sofort besser. Nimm die Quelle in dir wahr. Sie ist immer da und erfüllt dich, wann immer du den Wunsch dazu verspürst. Forme deine Hände zu einer Schale, und schöpfe aus der Quelle, oder stelle dich in sie hinein, und lasse dich von ihr durchströmen. Lasse dazu Bilder und Gefühle in dir entstehen, und genieße diesen Moment für dich.

Affirmation

»Hohe Schwingungen öffnen mir den Zugang zur Feinstofflichkeit.«

TIEFERE SICHT

Die Antwort findest du in dir!

Bedeutung der Karte

Musst du eine Entscheidung treffen und bist dir unsicher, was für dich und alle Beteiligten das Beste wäre? Mit dieser Karte schenken dir die Seraphim eine tiefere Sicht der Dinge und helfen dir, das zugrunde liegende Problem in seinem Ursprung zu erkennen. Sie wissen, dass du oft selbstkritisch bist. Doch suche die Fehler nicht nur bei dir, und nimm dir nicht alles zu Herzen. Die Engel spüren, wie sehr dich das belastet. Denke immer daran: Du befindest dich gerade in einem Prozess, in dem du verstehen möchtest, was du wirklich willst. Dafür gilt es, verschiedene Blickwinkel einzunehmen und deine Betrachtungsweise immer wieder zu verändern. Die Seraphim sind an deiner Seite. Möchtest du gerade mit jemandem ein gemeinsames Projekt verwirklichen, berücksichtige auch dessen bzw. deren Gedanken und Ideen. Gemeinsam kommt ihr zu einem wundervollen Ergebnis.

Botschaft der Seraphim

»Dir bietet sich die Gelegenheit, etwas tief in dir zu verstehen und zu heilen. Etwas aus deiner Vergangenheit, was dich belastet, drängt gerade an die Oberfläche und will angenommen und geheilt werden. Wir helfen dir dabei, zu verstehen, was dich in der Tiefe deines Seins schon so lange beschäftigt. Wir senden dir die nötigen Informationen, die dir bislang gefehlt haben, um das ganze Bild erfassen zu können. Das, was du wissen musst, wird dich erreichen. Heilung auf allen Ebenen ist jetzt möglich.«

Schöpfungsimpuls

Heilung geschieht am Ursprung allen Lebens. Dein Ursprung liegt im Nabel, der dich einst mit deiner Mutter verband. Die Seraphim helfen dir, alles Fremde, was du auf- und in der Tiefe deines Körpers angenommen hast, in ihrem goldenen Licht zu lösen und in höhere Energie umzuwandeln. Spüre, wie dich die Engel jetzt am tiefsten Punkt deines Nabels mit ihrem Licht berühren und sich alles wandelt, was sich dort energetisch festgesetzt hat. Du kannst diesen Vorgang wundervoll unterstützen, indem du einen Tropfen Olivenöl, versetzt mit einem naturreinen ätherischen Öl deiner Wahl, in deinen Nabel gibst. Dieser Vorgang der Klärung schenkt dir Erleichterung und Erkenntnis. Atme tief ein und aus, und spüre die Veränderung in dir. Wiederhole diese Klärung immer wieder einmal, wenn du das Bedürfnis dazu verspürst.

Affirmation

»Ich öffne mich den verschiedenen Blickwinkeln.«

TRANSFORMIERENDE KRAFT

Wohltuende Veränderung tritt ein.

Bedeutung der Karte

Die Seraphim sind bekannt für ihre alles transformierende Feuerkraft und Energie. In ihrem Licht lösen sich alle Schatten auf. Möge jetzt das, was dich belastet oder dich viel Energie kostet, von ihrer Kraft berührt werden. Stelle dir diese Kraft wie einen großen leuchtenden Lichtkegel vor, in dem sich Fremdenergien augenblicklich wandeln. Immer wenn du Negativität spürst, rufe die Seraphim, und sie reinigen deine Aura, jedes negative Gefühl, das in deinem Herzen, in deiner Seele oder vielleicht auch als Schmerz irgendwo in deinem Körper festsitzt. Spüre die wohltuende Veränderung. Du wirst schon bald Klarheit zu dem Thema erhalten, das dich im Moment am meisten belastet, und Lösungen erkennen, die du zuvor nicht gesehen hast.

Botschaft der Seraphim

»Veränderung ist ein natürlicher Prozess. Wir wissen, dass dieser dir nicht immer leichtfällt, doch wir wollen dir versichern: Alles ist stets im Fluss. Du darfst dich immer wieder neuen Gegebenheiten anpassen, und das ist gut so. Denn dadurch öffnet sich dein Geist weit für viele neue Möglichkeiten. Deine Schöpferkraft wird aktiviert und bringt dich in deiner spirituellen Entwicklung voran. Nutze die Möglichkeit der Umwandlung auch in Momenten, in denen dir jemand etwas sagt, was dich kränkt. Beschäftige dich nicht tagelang damit, sondern gehe bewusst in die Transformation und erlange schnell deine Leichtigkeit und Neutralität zurück.«

Schöpfungsimpuls

Die Seraphim brennen im wahrsten Sinne mit ihrer ganz Kraft für dich. Sie laden dich in das Lichtfeld der Transformation ein, wann immer du das Gefühl hast, dass dich etwas belastet. Stelle dir den leuchtenden Lichtkegel vor, und bitte die Engel um ihre transformierende Kraft. Schreite bewusst in den Lichtkegel hinein, und spüre, wie er dich augenblicklich mit seiner Kraft durchfährt und dein ganzes Sein anhebt. Diese Kraft bringt dich förmlich in eine nie gekannte Form der Leichtigkeit. Vollkommen geklärt trittst du wieder aus diesem Lichtfeld hervor.

Hinweis: Du kannst alles in dieses transformierende Licht hineinstellen, was du möchtest, sogar deinen Einkauf. Bei kleinen Kindern und Tieren bitte jeweils das Höhere Selbst um Erlaubnis. Vertraue dabei deiner Intuition. Wenn du ein Ja spürst, ist es gut, akzeptiere aber, wenn du ein Nein hörst.

Affirmation

»Das hell leuchtende Licht der Seraphim transformiert meine Schatten in harmonisches Licht.«

TRAUMDEUTUNG

Die Antwort erscheint dir in deinen Träumen.

Bedeutung der Karte

Die Seraphim wollen dir etwas mitteilen, und auf der Traumebene ist es oft leichter für sie, dich zu erreichen, da sie dort über dein Unterbewusstsein mit dir kommunizieren können. Diese Karte kündigt eine Vorhersage und Weissagung an. Du hast den Engeln eine Frage gestellt? Die Antwort erscheint dir in deinen Träumen – das können auch Tagträume oder Visionen sein. Als konkreter Traum oder in Form eines Hinweises, z. B. der, dich an eine medial begabte Person zu wenden. Die Botschaft kann von einer lieben, bereits verstorbenen Seele, von deinen Geistführern oder von deinem Körper kommen. Horche in dich hinein!

Botschaft der Seraphim

»Nächtliche Wissensreisen sind etwas ganz Besonderes und lassen dich dich erinnern. Wir laden dich in deinen Träumen herzlich in den Tempel der Schöpfung ein. Vielleicht wirst du schon bald eine Situation im Alltag erleben, in der du dich fragst: ›Woher weiß ich das gerade?‹ Dann wird dir einfallen, dass du dieses Wissen vermutlich auf deinen nächtlichen Reisen mit uns erlangt hast. Lasse dich auf diese geistige Weiterentwicklung ein, und erfreue dich an deinem immer größer werdenden Wissensschatz.«

Schöpfungsimpuls

Es ist oft so, dass wir intensiv träumen und uns nach dem Aufwachen trotzdem nicht mehr an das im Traum Erlebte erinnern, selbst wenn wir es wollen. Dafür gibt es einen Impuls der Seraphim. Bitte sie vor dem Einschlafen, deine Traumreisebegleiter zu sein, und darum, dass du das im Traum erhaltene Wissen aus deinem Unterbewusstsein in dein Wachbewusstsein mitnehmen kannst. Nach ein paar Tagen wird das immer besser funktionieren, weil sich dein Bewusstsein darauf einstellt, die Informationen der Nacht zu übernehmen. Führe in nächster Zeit ein Traumtagebuch, und schreibe darin auf, was du aus deinen Träumen behältst. Daraus ergeben sich deine Antworten.

Affirmation

»Die Seraphim begleiten mich in meinen Träumen, und ich öffne mich für ihre Weisheit.«

Ungeahnte Möglichkeiten

Eine neue Tür öffnet sich für dich.

Bedeutung der Karte

Mache dich bereit: Eine wundervolle Möglichkeit offenbart sich dir. Es handelt sich um eine neue Ebene, die du dir bisher nicht vorstellen konntest, da du sie nicht kanntest. Etwas Besonderes ist für dich vorgesehen und wird sich in Kürze zeigen. Es wird dein Leben positiv verändern, freue dich darauf. Dieser Segen ist unaufhaltsam und wird von Dauer sein.

Botschaft der Seraphim

»Mache dir keine Gedanken darüber, was andere über dich sagen oder von dir halten, denn du bist wundervoll, so, wie du bist. Du hast alles Glück der Welt mehr als verdient. Spüre die unendlichen Möglichkeiten deines Seins. Alle Wege stehen dir offen, lebe die Vielfalt und all das, was die Neue Zeit dir schenkt. Mit unserer Hilfe entwickelst du dich stets weiter. Freue dich auf die Zukunft und die unerwarteten Chancen, die du jetzt noch nicht siehst.«

Schöpfungsimpuls

Die Neue Zeit bietet uns ungeahnte technische Möglichkeiten. Bediene dich ihrer, und du wirst z. B. durch künstliche Intelligenz (KI) einige Lösungen und Wege finden, die so manche Aufgaben deines Alltags schneller und effizienter gestalten können. Öffne dich dem technischen Fortschritt, und integriere ihn unterstützend in dein Leben. Willkommen in der Neuen Zeit!

Affirmation

»Ich lade voller Freude alles Neue in mein Leben ein.«

Urklang

Alles schwingt!

Bedeutung der Karte

Mit dieser Karte erreicht dich die schwungvolle Urfrequenz des Universums: das ewige OM (AUM). Die Schwingung berührt dich und löst augenblicklich jede Blockade auf allen Ebenen auf. Atme tief durch, und spüre, wie sich dein emotionaler Stress durch das Klangfeld verringert. Alles in dir vibriert und schwingt sich im Muster des Urklangs wieder ein. Jede Zelle kehrt an ihren Platz zurück und ist im Einklang mit dem großen Ganzen. Stelle dir einmal das Bild einer Blume des Lebens vor. Jeder Kreis ist mit einem anderen über zwei Schnittpunkte verbunden, über die die Vibration des Klangs und dessen Energie weitergegeben werden, bis alle Kreise gleich schwingen. Somit kannst du mit deiner Schwingung alles wandeln. Was du aussendest, passt sich deinem Schwingungsmuster an und kommt mit gleicher Energie zu dir zurück. Ziehe in dein Leben, was wirklich zu dir passt.

Botschaft der Seraphim

»Wie hoch oder niedrig deine Schwingung ist, hängt von deiner emotionalen und mentalen Stimmung ab und davon, was du denkst, was dich umgibt oder was du isst. Wir erhöhen heute deine Schwingung durch die Energie des Gesangs. Unsere Chöre werden, während du schläfst, mit all ihrer Liebe für dich singen, damit du in die höchstmögliche Frequenz aufsteigst. Du wirst am Morgen spüren, dass wir da waren, denn die himmlische Schwingung klingt noch lange nach.«

Schöpfungsimpuls

Klang ist Schwingung, bediene dich seiner für dein Wohlbefinden. Der Urton OM ist ein heiliger Klang, der deinen Körper in Schwingung versetzt. Er ist ein universelles Symbol der Einheit und Ganzheit, verkörpert die Schöpfung und den Kreislauf des Lebens und bringt dich in einen Zustand der Ruhe und des Friedens. Das OM vibriert in dir und lässt das Wasser in deinem Körper und somit auch deine Körperzellen schwingen. Probiere es einmal selbst, und spüre, welche positive Wirkung der Klang auf deinen Körper hat.

Affirmation

»Ich bin bereit für neuen Schwung in meinem Leben.«

WUNDER

Öffne heute dein Herz für ein Wunder!

Bedeutung der Karte

Deine Bitte wurde erhört, ein Wunder wird geschehen, und unendliche Liebe erfüllt dich jetzt. Die Seraphim begleiten dich, nimm ihre Zeichen wahr, z.B. in Form von Zahlen, die dir wiederholt begegnen. Beobachte, höre anderen zu, und fühle die liebevolle Präsenz der Engel. Wunder geschehen dann, wenn du deinen Träumen mehr Energie gibst als deinen Ängsten. Es ist ein Zusammenspiel von himmlischen und irdischen Kräften. Du kannst diese Kräfte unterstützen, indem du betest. Bleibe im Vertrauen, dass deine Seele dich führt.

Botschaft der Seraphim

»Du erlebst gerade ein ganz besonderes Wunder, denn du verstehst immer mehr, dass dein Bewusstsein unsterblich ist. Diese Veränderung geschieht in dir während des Erdenwandels von der 3. in die 5. Dimension. Spüre, wie bedeutsam dieser Prozess ist und dass du einen wichtigen Teil davon darstellst. Befreie dich und deine Seele von alten Mustern und Begrenzungen, und übernimm die Führung hin zu einem neuen Werden.

Was aus einem liebenden, unendlichen Geist erwacht, verändert diese Welt für immer.«

Schöpfungsimpuls

Bewirke mit deinem Glauben und der Kraft des Gebets ein Wunder. Sei selbst dieses Wunder, für dich oder für jemand anderen, der es gerade dringend benötigt. Sende deinen lichtvollen Impuls in Form eines persönlichen Gebets oder einer starken Affirmation zur höchsten Kraft.

Affirmation

»Ich glaube an Wunder.«

DANKSAGUNG

Danke an die Geistige Welt, danke an die wundervollen Seraphim, danke Jeanne Ruland …

Ich möchte dieses Kartenset meiner leider viel zu früh gegangenen Herzensfreundin ***Jeanne Ruland*** widmen, die mich durch ihre lichtvollen Impulse aus den hohen Ebenen zu diesem Projekt inspiriert hat. Sie war für mich beim Schreiben immer gegenwärtig. Auf eine gewisse Weise ist es daher »unser Projekt«, obwohl wir nicht wie bei früheren Projekten physisch zusammengearbeitet haben. Ihr lichtvolles Wirken und Sein auf der Erde wird für immer fehlen, doch wir sind über Raum und Zeit hinweg verbunden. Danke für alles, Heavenly Jeanne.

Ich möchte mich von Herzen bei meinen Verlegern ***Heidi und Markus Schirner*** bedanken, die mir den Raum und alle Möglichkeiten für dieses Kartenset zur Verfügung gestellt haben. Danke für eure grandiose Arbeit, euer Wirken, eure Liebe und euer Sein. Ich bin unendlich dankbar, ein Teil dieses Feldes zu sein.

Ein großes Danke an die wundervolle Künstlerin ***Christiane Treichel,*** die mich mit ihren Motiven stets tief berührt. Die energetische Anwesenheit der Seraphim ist durch die lichtvollen Bilder förmlich spürbar. Danke, liebe Christiane, dass du deine Gabe mit uns teilst. Es war wieder großartig, mit dir gemeinsam ein Projekt zum Leben zu erwecken. Ich liebe deine Kunst, möge sie alle Menschen von Herzen berühren.

Danke von Herzen an meine Lektorin ***Ina Keller,*** die meinen Texten und dem gesamten Projekt mit ihrer Inspiration einen wundervollen Ausdruck verliehen hat. Danke, liebe Frau Keller, für Ihr großartiges Wirken an unserem Projekt und all Ihre wertvollen Impulse.

Danke auch dem gesamten ***Grafik-Team*** des Schirner Verlages, das uns durch seine wundervolle Gestaltung diese schönen Karten geschenkt hat.

Auch dir, ***lieber Leser, liebe Leserin,*** danke ich für deine Liebe zu den Engeln und dafür, dass du sie durch diese Karten in dein Leben einlädst, um mit ihnen zu wirken. Mögen viele Menschen von der wundervollen Unterstützung der Seraphim profitieren, sie sind ein Segen für die Welt.

Danke von Herzen und alles Liebe
Deine Melanie Missing

ÜBER DIE AUTORIN

Melanie Missing ist eine der bekanntesten Autorinnen zum Thema »Einhörner und Engel« im deutschsprachigen Raum und hat neben Büchern, Kartensets und CDs ihre preisgekrönten Auraspravs und Einhornessenzen in ihrem Unternehmen »Garten Eden« in Kassel veröffentlicht. Melanie Missings Element sind Meditationen und Lichtreisen in die himmlischen Dimensionen. Weitere Arbeitsfelder von ihr sind »das Vermächtnis Avalons« und »die Energie der Marien«.

www.einhornessenz.de

Tipp: Passend zu diesem Kartenset hat Melanie Missing die Engelessenz »Seraphim« kreiert. Diese und weitere Essenzen findest du unter:

www.einhornessenz.de | www.schirner.com

ÜBER DIE KÜNSTLERI

Christiane Treichel lebt
Flensburg. Schon in der
heit liebte sie das Male
Zeichnen. Heute malt c
lernte Werbetechnikerin i
freien Minute, inspiriert
Vielfalt der Welt. Ihre K
vor allem durch ihren
an Gott und von ihrer
Gefühlswelt getragen.

www.lichtbuntebotschaften.de

FINDE DEINE VERBINDUNG ZU DEN HEILERINNEN DES LICHTS

Schirner Verlag

Jeanne Ruland & Melanie Missing &
Claudia Maria Karnatjan
Rückkehr der Marien
Die Heilerinnen des Lichts

Set mit Buch und 48 Karten
ISBN 978-3-8434-9189-1

Zu allen Zeiten und in allen Kulturen gab es außergewöhnliche Frauen, die zum Wohle der Gemeinschaft wirkten und mutig Wege bereiteten, auf denen wir heute gehen: die Marien. Noch heute pilgern unzählige Menschen zu Marienplätzen und -quellen, um dort Ruhe zu finden, Kraft zu schöpfen und Segen zu erfahren. Jeanne Ruland und Melanie Missing stellen in diesem Kartenset 48 bekannte Heilerinnen wie Maria Magdalena, Mona Lisa, Quan Yin oder die schwarze Madonna in ihrem Wirken und ihrer spirituellen Kraft vor. Dank der beeindruckenden Marienbilder der spirituellen Künstlerin Claudia Maria Karnatjan, tiefgreifender Botschaften und Affirmationen sowie je einem Kerzenritual gelingt die Verbindung mit den Heilerinnen des Lichts ganz leicht.